幸福と安心

幸せ感じ上手で世渡り上手

山路道廣
YAMAJI Michihiro

文芸社

はじめに

私達は人生で経験することが多すぎて、先々のことも分かりづらく、見誤ったり偏見を持ってしまうことで、さまざまな不幸や不都合に出くわすものである。不幸や不都合は実に嫌なものであり怖いけれど、たとえどんなに嫌がっても怖がっても必ずそうなるようになっているものである。なるべくして顕《あらわ》れ出たからには、ただただそのもの達をそのまんま、全て残らず受け取るしかなくて、否応なく絶対にのがれられないことだってある。不幸や不都合は、その原因となったものの中に間違いがあって、物の道理においても正しくないことが結果として顕示されたものである。

そうしたものの一つひとつが大切な意味を含み、一つとて無駄も無意味なものもない。見誤りや偏見が多く、人の道や法に外れた行いに馴染みやすい私達に対して、物の道理による真《まこと》に正しい観点を照らして正否が示され、正しければ良くなり、間違いであれば悪くなるようになっているものである。そうなっている物の道理を何処までも追求していくことによって、「成功はたった一つの間違いも許さない」という、厳しすぎるほどに厳密に完成された道理が私達を正しく導き正しく改めさせる。このように間違いに対しては何億万回でもその間違いを指し示し、必ず絶対に成功へ導きたいとしてくれて、何処までも何処までも正しくさせたいとして、正しければ上手くいく円滑現象をもって物事がトラブルなくスムーズに進むようにする。善因善果に導くための顕示をしてくれるように、とてもよく完成された世界に生かされていることをよく知り、そのことに感謝しながら上手に、上手に正しく活用して生きることこそが、物の道理もよくて私達にとって唯一無二の方法である。

私達の言動において間違いがあると即刻トラブルを起こす。間違いを正しく改めることもなく間違いのままにしておくと、もっと大きなトラブルになり、いよいよどうにもならない状態が生じるようになる。間違いという悪い原因を繰り返し続けて悪い原因と悪い結果の繰り返しであっても、良い原因をなすことによって良い原因の結果が示される。つまり、原因の結果は後からのものが先に優先するようになっていて、正しければ何処までも優遇されるように完成されている。

私達は不幸や不都合に出合うとつい困り果ててしまうけれども、困るから正しく方向転換が出来るのであって、困ったならば間違いを見せて、知らしめを受けていることに気付いて即刻、只今の間違いを正しく改める。そしてその不幸や不都合の意味をよく悟り、その不幸や不都合から良い芽を出して大きく成長する飛躍の糧を得て、結果的にはかえって良かったことにしなければ、せっかくの不幸や不都合の難儀が無駄で価値のないものとして終わることになる。人は失敗するたびに落ち込むのではなくて、失敗するたびに何かを学び、失敗するたびに大きく成長するというのが正しい。人が負けるのは次に勝つために負けたのであり、何の敗因もなければ必ず勝つのであって、それこそ世の中にたった一つの無駄も無意味もないというのが物の道理である。今日只今の自分だって、あんな失敗もあり、あんな駄目なこともあり、あんな悪事もバレずに真に正しく生きている。それで良い！　自分のさまざまな失敗や間違いの一つだって無駄も無意味もなく、今日只今の優れた自分を作るための支えや骨格をなすものだとして、嫌な思い出もかえって良かったと気持ちをそちらに仕向け、さらにさらに正しく優れた自分を作り織りなすことに深い興味を持ってより正しく生きていこう。

私達の肉体は進化に進化を重ね完全完璧に完成されて、世の中も物の道理に従って完全完璧に実によく完成されているけれども、私達の心は今もなお不完全で幼稚なままである。私達の心は物事の表面だけを大雑把に見て物事を判断しがちで、情況が変わるたびに喜んだり心配したりして落ち着かなく過ごし、何か気がかりなことがあると、そのことが頭から離れなくなって、悪く悪く思い込んで悩みを増大させて取り越し苦労をしないではおれないものである。私達が物事の表面だけを見て取るということは物事のほんの一部分だけということであり、物事の外皮にある見えやすい部分だけということになる。そうしたことから物事の本質を見誤り、物事の実相を知らずに過ごし、やがて真実の姿があらわになった時に慌てふためいたり喜んだりするものである。物の道理にしても大切なところは分からないように、あるいは中味がはみ出さないように、しっかりと表面の皮や袋に覆われているものである。本書は私達のこのような心を深く考慮に入れて、物事の中味に目を向け、物事がそれとなりうる遠因、根因という、物事の起きる起因から物事を解き明かし、人々の大切な道を切り開こうとするものである。

山路　道廣

幸福と安心◆目次

これだけは知っておこう相対概念について

この世に存在するあらゆるものは相互に関係を有し、両方が互いに張り合って対立するものがなければならず、一方がなければもう一方の存在もないことになっていて、全てのものが相対の一対バランスによって形成を保つように完成されている。

例えば、天と地、陰と陽、プラスとマイナス、昼と夜、前と後、右と左、生と死というように必ずバランス良く正反対のものがあり、そのことごとくが純粋ではなくて互いに対立するものが交ざり合って出来ているのが物の道理である。一つの物体であっても必ず裏と表とがあり、その物体の一方を剥《は》がした瞬間には双方に新たな裏と表とが出来ている。一本の紐であっても前から後ろへ引いておいて何箇所も切れば、それぞれに中心点が新しく出来ると共に新しい前と後ろが出来る。このようなことはあらゆるもので証拠立ててみても答えが必ず出るようになっていて、純粋のように思える善や悪であってもその中味は善と悪とが入り交じっていて、大雑把に善悪の区別をしているようなものである。

例えば、私があなたを良くしてあげたいという願いを持って私があなたの欠点や弱点を取り出して示し、正しく改めなさいと忠告をしたとする。これは私からあなたに善で発信された価値ある言葉である。しかし、受け取る側にあるあなたの心の作用が悪ければ、意地悪く自分の欠点や弱点を突かれたと思い込んで嫌《いや》みや嫌がらせにしか受け取らないであろう。そうなると、善は悪に変化して諍《いさか》いの種《たね》となってしまうことになる。

それとは反対に私があなたに悪意を持って、私があなたの過失や不備な点を追求してひどく問い詰めたとする。これは、私からあなたに悪で発信された聞くに堪えない言葉である。しかし受け取る側にあるあなたの心の作用が正しければ、自分の過失や不備な点を深く詫びて改めるべきとして、相手の不満を取り除き互いに良くなろうとするであろう。そうなると、悪は善に変化して和《やわ》らぐことになる。

全ての物事が賛成と不賛成に分かれて賛否両論が発生するのも、全ての物事にも反対側の物事が含まれているという証拠である。親切な心を相手に振り向けても、受け取る人が自分の好意を迷惑に思えば、その好意はこちらの身勝手や自己満足となってしまう。そして相手がこちらの行いを迷惑と思い続けた場合は、こちらのなした善行は全て悪行として受け取られ続ける、という怖い事態だって生じることになる。

幸福や不幸についても、ここからここまでが幸福とか不幸という線引きなどなく、幸福の中にも不幸が半分交ざっていて不幸の中にも幸福が半分交ざっていることから、不幸のどん底でも半分の幸福は見出せることになる。

世の中も良い面と悪い面が入り交じっていることから、世の中の良い面だけを見ているとことごとく明るく良いことばかり見えてくる。世の中の悪い面だけを見ていると、ことごとく暗く悪いことばかりが見えてくるものである。人も自分も良い面と悪い面とが入り交じっていることから、人の良い面だけを見続けることによって、その人を大好きになる。そして相手に自分の良い面だけを見せていると互いに好きになる。逆に人の悪い面だけを見ているとその人を大嫌いになり、自分の悪い面だけを相手に見せていると互いに嫌うようになる。こうして互いに互いの幸、不幸を分かち合うようになっているものだ。

私達の心は良心と邪心の相対バランスの上に成り立っている。良心と邪心という対立する二つのものがあってこそ心であり、夫と妻の揃いを夫婦と呼ぶようなものであるが、昔から現今まで邪心によって生じる煩悩《ぼんのう》やわがままは人間に不幸をもたらすという考えがある。その邪心を取り去ろうとする努力は今日まで引き継がれているけれども、邪心は良心の相対として絶対に取り去ってはならず、また取り去ることは出来ないものである。煩悩を断った境地が悟りである？――といったものではなくて、真の悟りは無意識の中にあり、私達の心にある良心のひらめきこそが正しい悟りであって、邪心から来るひらめきは悪い悟りである。

生きとし生けるもの一切、全生物が「幸福になりたい、幸福に生き長らえたい」という願いを持ち続け、ひたすら我が身をいたわり死を恐れて生きている。我が身をいたわり死を恐れて生きるということは生物特有の本能であり、私達人間も恐い目に遭うと胸が高鳴り顔色が変わり、身震いが起きたり、言葉が滑《なめ》らかに出て来なかったりもする。そうした信号があるということは、良心が身の大切さを教えたり、正しく生かそうとしてくれている証拠である。

私達の心に備わる良心は「何が善であるかを知らしめて善を命じ悪を退《しりぞ》ける」という働きをし、邪心は「見せかけだけの楽や得をさせて偽《いつわ》りの幸福を促《うなが》し進める」という働きをするようになっている。例えば、朝に目が覚めるということは自分を幸福に導く良心のひらめきによって気付かされた目覚めであるために、喜んで「サッ」と起きるべきである。しかしぐずぐずして起きないでいると、邪心が出て来て「もう少し寝ていたい」へと導く。そこで邪心の導き通りに再び眠ることによって大切な時間を浪費し、次に目覚めた時には気が急いて大切なものを見落としたり、忘れ物をしてしまい難儀に遭うことだってある。自分を幸福に導く良心に従う人は、目覚めると同時に「サッ」と起きるために邪心と出会うこともなく、物事が滑らかに進み、朝の大切な時間に不必要な難儀をしないで済むことになる。

自分のやるべきことに気付いた時も良心のひらめきによる気付きであるから、良心に従う人は同時に「サッ」と物事を処理して不必要な難儀や無駄がない。しかし、自分のやるべきことに気付いていても「サッ」とやらない習慣の人は、気付いてもつい後回しにして、後でやるつもりがやらずじまいとなったり、やらないことで大難儀が生じたり、取り返しのつかない事態が生じることだってある。

心に備わる良心が私達に間違いをさせまいとして、朝の丁度良い時に目覚めさせてくれて、必要なことに気付かせてくれる。ということは、過《あやま》ちやすい私達を正しく生かし善因善果に導くため、天性の有難いひらめきや気付かせがあるのだ。

良心はこの上もなく大切なものであるが、邪心は決して邪魔ものというものではないから、邪心を取り去るための修行などは不要である。私達の肉体が進化を積み重ねて不必要なものを取り除き、必要なものだけを集積してきたことは誰もが知るところであり、肉体上の不備なところはないようになっている。もしも、本当に邪心を完全に取り去ってしまうことが出来たならば、その人は心というものを失ってただ生きているだけの身となる。それこそ見るものに色なく、食べる物に味なく、苦もなく楽もなく、あらゆる感覚を失ったかのようになり、全く人生の妙味をなくしたような生き方になってしまうだろう。人が人として生きるからには美しい色を愛でたり、美味《おい》しい料理を味わうのに塩や砂糖などの調味料を調合するなど、適度な苦楽は必要不可欠である。全てバランス良きものを最上級とし、バランスの乱れを好まないようになっている。

心に邪心があってもそれを用いず、ただただ良心の導きに従い、準じているだけで物事は好転するものである。良心だけを用いる時には邪心は「ソーッ」と退いていてくれるようになっていて、邪心といえども我が味方であり、決して敵でも無意味でもないと見て取ることが最も正しいものの見方、考え方である。

邪心を取り去るということは、一つの物体の裏側だけが悪いと見て、その裏側をどんどん何処《どこ》までも削り取っていくようなものである。そうすることによって一つの物体はバラバラになって本来の形を失い、良い面も削り取られていくことになる。したがって、良い面のためには悪い面が必要不可欠である。美しい色も美しくない色と比較されると尚更美しく見えて、美味しい料理も砂糖だけでは駄目であり、バランス良く塩などの調味料が交ざっていなければならない。人の人生も楽だけでは駄目で、苦労だけでも駄目になってしまうことから、楽も良し、苦労も良しということであって、楽があるから苦労の大変さを知り、苦労があるから楽の喜びを知るのだ。実によく出来ていて、不足、不備、欠点などがないように完成されている。

世の中や人の良い面だけを見ていれば人生は幸福なものとなり、悪い面だけを見ていると不幸になる。良心に従えば幸福になり、邪心に従えば不幸になり、正しく前向きな良い考え方をするなら不幸も幸福に転換されるようになることから、ものの見方、考え方によって、その人の人生観から運命までもが変わるようになっているものだ。

毒も正しく使えば薬となり、薬も間違った使い方をすると毒となるように、人の言動も正しければ身を助ける薬となり、間違った使い方をすると身を滅ぼす毒となる。

科学技術が進歩すればするほど良い面も悪い面も確実に世に増え続けることになり、科学技術が進歩するにつれて人々の心も安心と不安の両面が増えることになる。科学の進歩から身を守るためには、人が人としての人格を高め合って生きて、科学への正しい知識を持って絶対に悪用しないことである。

人が右手と左手を合わせ合掌するように、人々がよく助け合って、誰とでも慣れ親しむ優しい心を向け合い、互いの良いところだけを見て良いところだけを出し合う。その良いところを互いがうやまうようにして、良いところや優れたところを引き出し合う習慣をしっかりと身につければ、幸福と安心の先駆けとなる。みんなの良い対良いのバランスが何処までも広がれば、物の道理や人道に正しく適《かな》った人間社会が実現されていき、やがて人が心の内で願い求める「平和と幸せ」がことごとく大願成就していく。

大病について

誰もが避けて通りたい大病と怪我。大病を病《や》む際、前兆がある病もあるが、予兆とは気付かなかったり、気付いても無視するなどして大病になってしまうケースは多いものである。大病になると痛い苦しいという間違いの大叱責といましめを受けて間違いのままでおれなくなってしまうものであり、怪我は思いがけない過ちや粗相によって生じることが多く、激痛という大叱責と同時に間違いは阻止させられるようになっている。

多くの人は大病になっても調子の良いうちは病気に打ち勝つとか、病気には絶対に負けないと強い気持ちを見せるけれども、その内奥《ないおう》では自分の死を考えてみたり、さまざまな心配事で心に大きな負担がかかり続け心身共に疲れ果てるものである。自分自身で体験してみないと、「そんなもんかなぁ」で終わってしまうかも知れないが、みんな同じような心持ちをしているもので、「俺は違う！　私は違う！」といった特別な人などいないと思う。

　大病になると、自分だけでなく周囲の人々もくよくよと心配して、ひどい人になると大病と知った時から葬儀のことまで心に思い描いてしまう。それはそれは大変な悩みを一挙に背負い込んで、その重みや不安で押しつぶされそうになる。一方、当人は病気や痛みに負けてたまるかと我慢し、辛抱すると共に死の恐怖と戦いながらあれこれと心配の度合を高め、さまざまな気苦労により免疫力がどんどん吸い取られ病状を悪化させていく。悩みと心配事が医師の薬を受け付けず、病状が悪化するにつれてすっかり自信を失っていき、ついには無力感にさいなまれて、「神様、仏様、どうか私の病気を治して下さい」と神仏に手を合わせて神仏を心の拠《よ》り所《どころ》とせずにおれなくなってしまう。

　しかし、物事は物の道理を離れないがために病状はさらに悪化を続け進行は止まらない。そうなると今度は「神も仏もいない」と言い出し、悪いのは全部世の中や人のせいにして、自分自身の間違いに心を向けることもなく過ごす。そしていよいよ死が差し迫ってくると「死にたくない」と思いながら泣いて過ごす。やがて、身の衰えと共に生きる気力を失って死んでいく、というのが現今までの一般的な人間がなしてきた姿である。

人は大病や死というものの表面の姿しか見ようとせず、その本当の中味を知らなかった。そうした無知によって「大病イコール死」とし、大病や死を恐れ嫌って戦い、戦った者はことごとく死んでいった。そこに人間の知らない、気付かないものがもたらす悲劇があり、実にあわれな死に方があった。それとは裏腹に、物の道理や肉体や生命、精神、心、魂なるもの達の清らかな本性（持っている性質）であるところの絶対知の世界では、百八十度の真逆が発信されていることを知らなければ大きな損失である。せっかくの「良くしたい、より良くする」に反して、どちらにも悪い行為をなしていることになる。

私達の肉体には自分の身を大切に守るために、身体中に神経や感覚器官が張り巡らされていて、肉体に良い影響や悪い影響が及ぶと即、視覚・聴覚・触覚・味覚・臭覚が心地好さや不快感を感受し、正しさと間違いを知らせてくれるようになっている。

私達の肉体に備わる神経・感覚器官は実に驚異的な働きぶりを示し、まさに肉体守護の神である。神経や感覚器官は肉体を守護するために血液の流れのように昼も夜も休みなく働き続け、肉体に異常な出来事があると即、不快の意を電流や光のような速さで知らしめてくれる。

例えば肉体の何処かに小さなトゲが刺さっても、間違いなく正常な場所を的確に知らしめて正しくさせようとしてくれる。別の言い方で示すならば、目を閉じて「ソーッ」とろうそくの火に手を近づけていくと、安全圏ぎりぎりのところで痛みを感じて手は止まる。今日只今、真に死の直前であっても、私達の肉体はより正しく生きようという働きを一時《いっとき》も休むことはない。熱を出したり熱を下げたり、痛みを出したり痛みを緩和させたり、疲労感や息苦しさを生じさせたりしながら、実に上手に心地好さと不快感を用いて肉体を正常化させるのに懸命である。一生懸命自身の心を振り向けて、正しく意思疎通を図り最後の最後まで正しく生きようとすれば、肉体生命には大きすぎて分かりづらい大恩愛《だいおんあい》に報《むく》いる結果となり、生きて良し死んで良しの状態となる。これは次なる肉体生命が最も正しく受けやすい条件で成り立つよう完成されているのだ。

もしも、生きる身にさまざまな感覚作用というものが一切なかったならば、それこそ何が起きようと、どうなろうと全く知ることはない。感覚がなければ人は生きられないことから、生きるも死ぬもその身は道理と守護のお蔭で正しくなりならされる道を明るくしなければならないようになっている。したがって、痛みを嫌がって「痛い！　痛い」と文句や小言を言うことなく、不快感からしかめっ面をして我慢し、辛抱し耐え抜くこととはオサラバ。痛ければ痛いだけ、肉体内のさまざまな組織が一生懸命に正しく生かしたいと戦い続けて苦しんでいる証《あかし》であると知れば、どうして、どうして、その「良くしたい、より良くする」という超自然的な自然界の法則をも超えたもの。理性では説明のつかない神秘的な行いに対し、知的能力に優れた人間がしかめっ面で憎み嫌って避けたいとするなら、それはもう、正しくもなく優れてもいない動物でしかないということになる。

そうではなくて、今日只今からでも自分を「良くしたい、より良くする」とやってくれるもの達から発信される、苦しみの必死の思いによる主張を受けたならば、「痛い！　苦しい」の知らしめの不快感は我がための戦いの真っ只中であることを察して、その救い主に対しては正しく相手の気力を高めるための応援に繋《つな》げるべきエールを送る。勇気づけたり元気づける手助けをするべき時に、身も心も心配事に吸い取られてすっかり痩《や》せこけて、しかめっ面に文句や小言の連発では、何の力にも役にも立たない、助かるものも助からないというのが物の道理である。

私達の肉体組織には肉体を「良くしたい、より良くする」という願いと目的を持った生きもの達が、蟻や蜜蜂が動物の社会構成をなすように小宇宙をなしていて、それぞれがそれなりの驚異的な働きをしていてくれるお蔭で私達は生きていられる。最も分かりやすくて大きなものは脳・心臓・肝臓であり、小さくは微生物（主に細菌）まで、とても言い表すことの出来ないほどの大世界・大宇宙でもある。その大世界の何かが何らかのトラブルによって生じた間違いを正しく改め修復したいと、内側から知らしめるのが病状であり痛みや苦しみ、辛さやだるさ等の不快感である。間違いの顕示や叱り苛《さいな》む状態が生じるということは、肉体内の生きもの達が苦戦している証である。その時には外も内も真に正しい状態に向かった言動が不可欠であることから、喜んだり笑顔による積極的かつ前向きな姿勢で臨む。身も心も内も外も元気で健康になる最も効果的な秘訣があることに気付き、一生懸命であれば生きようが死のうが、正しいことが必ず、必ず大きな大きな味方となって、現在も未来も良い状態となるよう完成されていく。

私達の身の上に起こる出来事においては、何事も間違いを取り除き真に正しいものだけにすることが大切である。大病も不幸も不都合も、間違いや悪い結果を見せて知らしめるものであって、「正しくしろ！」との叱咤激励である。決して苦しみ抜いて殺すのを目的としたものではないということを知って、どうか正しさに目覚めていただきたい。そのために理解しやすく解くならば、手足に刺さった釣り針を取り去ることをせずに痛みは我慢、辛抱で耐え抜く。痛みや傷口を嫌い、針を抜いても心配と不安の気持ちを徐々に強く大きくしながら、ひどくなった痛みに堪り兼ねて痛み止めの注射か薬で治したとする。だが治らず、いよいよどうにもならずに「神様、仏様、どうか私の痛みを取り去って下さい」と神仏に合掌するしかない。やがてバイ菌に冒されれる頃になると、「神も仏もいない」と言いながら、「死にたくない」と泣いて過ごす。

まぁ、このような馬鹿な話は何処にもない。が、現にこのような馬鹿げた話と似通ったことをしているのが人間である。何のことはない。ただ刺さった釣り針を抜いて化膿止めの薬を塗るだけで、生まれながらにして体に備わる自然治癒力、免疫力がきちんと治してくれるものだ。

大病になると、どんな人であっても心に大きな打撃を受けているにもかかわらず、自分だけは人とは違う特別な人間であるという気持ちになったりするが、この世には人とは違う特別な人間など一人もいない。みんな同じような人間であるのに、「俺は人とは違う！　病気なんかには負けない」と強がりを言ってみたところで、それは昼間の空元気《からげんき》であって、夜になると眠ることも出来ず悩み続けて重苦しく落ち沈むものである。そして心に大きな風穴が空き、そこを冷たい風が吹き抜けていくが如く、寂しい、寂しい実に寂しいとつぶやく。そんな心に大切な病気を治す自然治癒力が使い果たされるのはとても勿体ないことである。どんな病気や怪我であっても肉体内に備わっている自然治癒力によって完治に向かうのであり、優れた医学や薬であっても肉体内の自然治癒力を高める助けをしているだけであって、自然治癒力を高める事に

「一生懸命」になるのが正しいということになる。

自然治癒力が高まり免疫力が強ければ病気にはなりづらくなるが、それを弱らせるような原因が多くて間違いを改めることがないと、大病になってしまうことだってある。大病になったならば、過ちを犯さないように病院に入院して最善の方法を取ってもらうことになるが、肉体は安静にしていてもその心は心配・不安・悩み等によって大病前よりもひどく荒れ狂ったりしている。医学の力も薬の力も無駄にして、「大病イコール死」とするような愚かな行為を行わないようにしなければ、大病を患い今までとは違う正しい生き方をする機会であることに気付けないという勿体ないこととなってしまう。

私達の身が病むということは当然のことながら内も外もということになり、病体という肉体だけのことではなくて、心が病めば肉体も病み、肉体が病めば心も病むという心身相互作用が生じるのが物の道理である。片方だけが悪くて片方は何の影響も受けずに絶好調といった矛盾はなくて、共に等しく釣り合いバランスが取れるように完成されているのも物の道理である。したがって、大病になってしまったならば医学や薬で肉体だけを治しても必ず何度でも病むものである。

　道具や機械なら悪い場所だけを交換したり修理すれば正しく動くが、人間は心が主であるから心身共に治療して、身体・精神双方が同時進行で正しくされなければ完治しないようになっている。こうした治療をほどこすことが最も肝要であり、身体・精神の密接な関係を個々に考えるのは間違いであり、肉体が大病ならば心も肉体と同様に大病であるとして相互に治療することが最も正しくて望ましい治療となる。

　道廣は二十数年前に医師に肺癌ですと言われた日から、眠れないほど心配で、不安な夜におびえていたが、眠る直前に「安らいだおだやかな心」と三回唱えることによって今までよりも早く眠れた。こうした正しい自己暗示や思い込みというものが人間を幸福に導くこともあるといえよう。大病になったから死んでしまうかも知れないと思えば、本当に死ぬ方向を向いたことになり、肉体がどんなに頑張っても心という主がすっかり弱気になり前進する心を失えば、肉体も心と等しく釣り合ってバランスを取り悪い方向に向かってしまう。

　例えば野球やソフトボールの試合でバッターボックスに立って、相手の玉があんなに速いから打てないだろうと思ってしまうと、本当に打てない。そんな気持ちではホームランが出ることもなく、たとえ当たってもヒットにするのだって難しい。

人は正しく良い思い込みをもって信じれば信じたようになり、悪い思い込みをもって心配したら心配したように誘因される確率が高まるようになっている。自分の脳裏を「フト」嫌な思いや嫌な予感がかすめたならば、即「そんなことはない！」と強く打ち消して、正しく明るく良い考えの状況を心に思い描くことだ。きっとこのようになると最高に良い状況を心に思い描く。そして、その最高に良い状況さえも忘れ去って、心には何も置かず安らいだおだやかな心で過ごすことによって、嫌な思いや嫌な予感は完全に消え去り、やがて心に描き続けた最高に良い状態が顕れ出るようになる。

私達人間は肉体とはどんなものか、心とはどんなものか、死とはどんなものか、死んだらどうなるか知らなかった。それこそ宗教書や哲学書、インターネットで調べても納得の出来る教えなどないのは当たり前で、今、この書で知ることも奇跡である。

しかし、この世には奇跡もなければ矛盾もないのであって、必ずそれとなりうる遠因、根因という、起きる起因のない無から有は生じようがなく、何から何まで辻褄がドンピシャリ合うようになっているのが物の道理であることをもって、今ここに精神、心、魂から生死の一切を解き明かすこととする。

これによって死の恐怖から解き放してあげたいと思う人類愛をちゃんと汲み取っていただきたい！　私達は大人であったり老人であっても、それは表面にある肉体だけのことであって、その肉体の中にいる心にはここからここまでが子供だとか、大人、老人といったような区切りはなく、ただただ子供の時からの延長が続いているだけである。

したがって、心は肉体のように老化が進んだり、死んだりしないように完成されているものであり、肉体は行きたくても行けないところや通り抜けられないところはあるが、心は一切の束縛を受けることもなく、全く自由奔放、自由闊達であり続けるようになっている。

私達の肉体が死んで異臭を放ちながら腐って朽ち果てていく時に、もしも、自分の意識（心）が肉体と共にあったならば、それこそ計り知れないほどの痛みと苦しみを伴うであろうが、そのようなことが絶対にないようにと人は完全完璧に完成されている。

肉体が駄目になると肉体内で働いていたそれぞれの生きもの達を動かしていたそれぞれの精神達が、みんなで肉体の形のまま集団意識のまま肉体を離れる。これを肉体離脱とも死とも言うが、もう一人の自分を形成したまま自由奔放に過ごした後に本体に戻って真新しい肉体を受けて出直してくるようになっている。

肉体に宿っているさまざまな生きもの達は、蟻や蜜蜂などがそれぞれ本能に従って働き一つの社会を営むようなものであって、肉体内のあらゆる生きもの達がそれぞれの役割を正しく成し遂げていてくれるお蔭で私達も正しく生かされている。肉体内のあらゆる生きもの達の一つひとつにもそれぞれの意識があり、その意識という集まりの全てが私達の精神、心、魂と呼ばれるものである。

肉体から抜け出した肉体内の精神、心、魂達はもう一人の自分という感覚のまま、物質の存在を持った形のまま、意識霊波《れいは》集団を組んだ状態で一切の束縛を離れて自由奔放になって、心のおもむくままに何処へでも行けて真に自由闊達な精神の世界へと進んでいき、やがて新しい父母の備わりを受けて真新しい心身を受けるようになっている。

今現在、今日只今に生きている肉体内に生きるあらゆる生きもの達のそれぞれの精神、心、魂なる各個は計り知れないほどに膨大な数の先祖達の肉体生命の生まれ変わり死に変わりを通過して、さらに未来へと通過していくものであり、只今はその途中の人生劇場であり、心というものは水のようにどんな状態を通過しても本質を失うこともなく不死永遠であり続けて絶対に滅びない生命である。

もしも、肉体が滅ぶと同時に心も滅びて全てが終わるならば、肉体の進化も減退も生じようがない。ＤＮＡの遺伝暗号の働きを受けただけではない証として、私達の肉体に備わっている良心が私達を正しく生かそうとして、朝の丁度良い時間に目覚めさせてくれたり、危険を察知してくれたり、悪いことをさせまいとしてくれることも、生まれ変わり死に変わりを繰り返したあらゆる生きもの達が過去の体験による記憶を本能的に表面に出して、「良くしたい、より良くする」を顕示したものである。

例えば、人間に飼い慣らされている犬や猫などが人間と共に上手に仲良く生きていけることは決してDNAの遺伝子の働きなどではなくて、間違いなく精神の生まれ変わり死に変わりの中で培《つちか》われた、生き抜くための知恵の進化によるものである。

私達の肉体はそれぞれに個別に存在するけれども、その中味であるところの心というものは同じところから来て同じところを通過している。つまり、往来するところの精神、心、魂達の根源から出発している本体はみんな同じである。

そのところで肉体や精神の進化や減退が進み、現代人のような優れた肉体が完成されたのであり、人間は人間を超越しないように人類は人類として完全に統一されている。人類完全統一については努力の結果を競い合うオリンピック競技でも分かるように、最高の努力を積み重ねた人々の差異はほんのわずかである。もしも人類統一がなされないならば、進化の遅れた国があって、その国の人々は何をしても他国の人に劣るということであり、今になってもまだシッポを使っていることだってある。

人間が死んで肉体内に宿っていたあらゆる生きもの達が、肉体がある状態のままに集団意識を形成したままで肉体を離れると、肉体は脱ぎ捨てられた単なる人骸《ひとがら》（魂の去った身）となり、全く蛇や蝉の抜け殻、あるいは蟻や蜂の巣から中味だけが出て行ったかのように在ったもの居たもの達が全て出て行った状態となる。

したがって、精神、心、魂の去った身は痛みも苦しみもなくなり、感じるもの達は全て出払ったことになる。そのようによく完成された上には、言いようもなくたとえようもないほどに大きな精神、心、魂の生態系というものがほかの生きもの全体を制御するという微妙な、霊妙《れいみょう》で人知で容易に計り知ることの出来ないほどの偉大なものが存在して、男女の性別の制御まで支配してバランスを取っていて、本体の根源によって生死のバランスさえも制御され生かされたり死なせていただくようになっている。

そこのところを往《ゆ》き還《かえ》り、通過することによって、精神、心、魂という各個は大きく浄化されていくことになるが、浄化は大きな工程ごとになされ、父母の備わり、肉体の備わり、生まれる、詫びる、泣く、死ぬ等でも浄化されるようにもなっている。

これは、私達の肉体に小さなトゲが刺さっても肉体内の神経が肉体を愛するが故に正しく生かしたいとの思いで間違いを知らしめる。また間違いのままにしておかないことと同じように絶対に許さないという信号、不快感を発信し続けてくれる。かように間違いについては実に厳しい悔い改めの浄化が求められるようになっていることから、私達の心に備わっている良心は過去の記憶から人間としての善悪を正しくわきまえていて、区別する働きをなして正しく生かしたいとする。

その働き掛けも浄化の類《たぐい》であることから、心に備わる良心の働き掛けを上手に用いることによって人は幸福に生きられるようになっているということは、心の本性の本体が真の平和と幸せを求めていて、そのところに正しく向いているか否かによって、間違った場合は不幸や不都合に繋がるトラブルを示して上手くいくという、円滑現象の阻止をもって知らしめてくれるということをなし、「良くしたい、より良くする」とする成功に導く働き掛けをしてくれる。

世の中の物の道理上において、「成功はたった一つの間違いも許さない」という厳しすぎるほどの法則に従ったものではあるが、絶対に諦めない努力をもって立ち向かうものに対しては、実に寛大な処置で何億万回でも上手くいく、上手くいかないを用いて正否を指し示してくれて、絶対に成功へ導きたいとしてくれる驚異的で計り知れないほどの愛情を注ぎ続けて止まないものである。

このように物凄い働き掛けと力の味方が私達に正しさと喜び、平和と幸せをもたらしてくれていることから、それへ正しく向いておりさえすればもう、それだけで全てに円滑現象が生じ続けるようになっている。そのようになっている良き理解者の精神、心、魂達は実によく正しさと喜び、平和と幸せの方向に向き続け離れないようになっている。

例えば私達の肉体が耐え難い痛みを受けたり、肉体が駄目になったような瞬間には意識は肉体を離れてしまう。そして肉体の痛みが治まったり、回復の兆《きざ》しが見えると肉体に戻ってくるが、状態がなかなか好転することがないならば、意識は肉体を離れたままになってしまうことだってある。実に平和と幸せの方向に進むようになっているものであることから、死とは思いの外という「意外」なものであって、全く予想もしなかった状態で驚くほどに簡単すぎるものである。

人が死ぬ時の外見を見ると、全くひどい状態で気の毒になり思わず顔を背《そむ》けたくなるほどのことだってある。人間には死の恐怖がつきまとっているが、人間が今日只今まで経験出来なかった不確実なものに対しては、いい加減な推測をすることしか出来なかったことから、私達人間は嘘《うそ》も方便《ほうべん》として真が半分嘘が半分で物事を推し進めるしかなくて、天国がある。地獄がある。三途の川がある。と、実にそうであるかのように作られたものに対して、深い信仰心によって無条件に心理的依存が続くと、本当にそうなのだと思い込んでしまうものである。

そして、どんなこともどんな時も必ず神仏が守って下さるものとして、大きな夢や希望を抱き、絶対に出来ないようなことであっても、必ず出来ると思う勇気や信念が生まれ出て、本当に物事を成功させたり達成、遂行させたという現実があるのは誰もが知るところである。したがって、今ここに真に正しいことを知り得たとしても、間違った教えを悪く思ったり残念に思うのではなくて、その時代はそうするしかなかったし、そうしたからかえって良かったのだと仕向け、さらなる正しさを追求することこそが優れた深遠な道理を知りうる知恵である。

死については正しくは思いの外という以外何もない！　ということは、実に予想も出来ないほどにいとも簡単に意識は肉体を離れてしまうことから、正しくは細心の注意が必要不可欠ということになる。そうであることを熟知しているはずの道廣でさえも、やるべきではない間違いを犯してしまって、実に悔恨《かいこん》、懺悔《ざんげ》、改心をしなければならないことだってあった。

妻が倒れてから二年目の頃のことである。

仕事中に急に帰らねばならないという気分になり、自宅に戻ると寝ているはずの妻が一人で入浴中だったのでびっくりした。

「お母さん、今の時間に風呂に入ったら危険でしょう！　誰も助けてくれませんよ！どうして一人で風呂に入りたくなったの？」

「寒いから暖まりたくて」

「そうなの！　何もしないからね！　俺はいないと思って、自分で風呂から出て服を着てよね！」

と言って見ていたが、もしも意識がなくなっても意識を取り戻すことは出来ると安易な考えと、大変な思いをしたら一人で勝手に風呂に入るようなことはしないと思ってしまった。

「温度と時間からして、もう出ないと出られなくなるから、出な！」

との声掛けによって三回ほど立ち上がろうとした、と思ったら意識が肉体を離れて水の中へ。即、起こしたが、ここでは駄目だとの判断で広い場所に移動しようとするも、全身の力が抜けた身は実に重たい。四十八キロが三倍にも四倍にも重たく感じられ、自分の身体を妻にピッタリ付けて風呂からやっと引きずり出し、広い場所で仰向けにしてお腹側からのショックで意識が戻り事なきを得た。だが実に、実に簡単すぎて、知ってはいてもあんなものかと思うと、ただ、ただ予想もしなかったほど簡単すぎることに恐怖すら感じた。

この場合は風呂で意識を失ったが、水の中で意識が自然と戻ってきたとしても、身体が水中にあれば溺死ということになる。そのような簡単すぎる死であることから、一度死んだと言う人が死の世界から生還した場合に、死を全く恐れなくなる理由《わけ》がここに成り立つことにもなる。

この世もあの世も完全完璧に、実に良いように完成されていて何ら心配しなくてもよいことをよく知って、自分自身が何時いかなる場合でも死ぬべき時が来たならば、今まで生かされたことを喜んで死のうと、死の時に備えた心構えがあれば心が安定して長生き出来て何も思い残すこともなくて立派な生き方、立派な死に方ということになっている。

私達人間は多かれ少なかれ誰にも言えない、知られたくない欠点や弱点があったり、世の中にある悪知識に馴染んで悪行をなしたり、悪口雑言《あっこうぞうごん》を浴びせてしまい人知れず悩んでみたり、死んだら間違いなく地獄で罰を受けるだろうと、死にたくない理由が次々と脳裏をよぎる人もあろうか？　そのような人は早速、悔恨、懺悔をなして正しく改心を行って、安らいだおだやかな心を完成させておくべきである。

悔恨、懺悔、改心への最も手っ取り早い近道はお詫びである。相手と遠く離れていて会うことが出来ないならば、自分が自分を許せるほどに深い思いで心の底からお詫びを申し上げることによって許される。それと死の直前に「ご免なァ」の一言でも全てが許されるようにもなっている。人間は詫びるべきは詫びて、改めるべきは改めて心の負担を取り除き、常日頃の頑固も自分勝手も脱ぎ捨てて、誰とでも慣れ親しみ一人でも多くの仲間達と人生を楽しむことに一生懸命であれば、みんなも良くて自分も良い中に生きる身となれて、生きてよし死んでよしの世界が実現することになる。

世の多くの人々は我が悪事の原因がやがて結果として我が身に戻ってきて、重大で深刻な状況を招いて不幸になったり、不都合で自分の間違いが顕示されることに無関心でいたりするが、実は不幸や不都合には一つの無駄も無意味なものもなく、必ず自分自身の間違いの何かを指し示していることを知って、その間違いを正しく改めることによってのみ不幸や不都合から解き放されて正しく生かされるようになっている。

例えば、人間の社会ならば知らなかったこと、気付かなかったことについては意外と寛大な処置が取られて許されてしまうが、物の道理や人道の世界は厳密で厳しすぎるほどのものがあり、気付かせようとする働き掛けに気付かないでいるとこれでもか、これでもかという形で間違いを知らしめる現象が生じるようになっていることから、不幸や不都合になったならば、その原因探しをすることが最も肝要となる。

この世は原因の結果でないものは一つもなくて、全てのものが原因と結果で成り立つのが物の道理であることから、物の道理と原因と結果を踏まえたものの見方、考え方をして最も正しい生き方をするのが望ましい。

私達人間は幾千万代もの世代の生まれ変わり死に変わりを繰り返し、身も心も著しい進化を遂げて、さまざまな体験から言語や文字を知り、笑顔を知り、自他共に必ず死ぬことを知った。人間の目の色だけが白黒に美しくくっきりと分かれていて、その目は口ほどにものを言い、目にはその時の感情が顕れるようになっていて、顔の表情をはじめとし人間の一つひとつの動作や行為による一挙手一投足によって、その人の心の内奥という内面が内から外に顕示されるようになっている。

そのことは、人間にとって人と人とのコミュニケーションである通信や意思疎通、身ぶり手ぶりが人と人とが助け合う際に大きく役立ったのは事実で、進化でもあった。そして今現在にあっても、人類はさらに進化をしなければならない。それには正しいことと間違いを分けたものの見方、考え方を正しく得るための勉強と体験があって、真に人類のために役立つものを会得して死んでいかなければ、身も心も進化していくことは出来ないようになっている。

つまり、進化とは「良くしたい、より良くする」という本体の意思に合わせた平和と幸せに直結したものが、やがて結果となって顕れ出たものであることから、大切極まりないものこそが勉強や体験ということになっている。勉強とは、さまざまな学力を身につけて、たとえどんな難問題に対しても正しい回答を出して、自分の仕事や生活をよりよく進めていくため、都合良くするためと共に何に対しても役に立ちたいとすることを目的としている。次に体験とは、自分自身が身をもって経験したことは体得となり、完全に会得された場合には無意識であっても出来てしまうようにもなる。これを我がものともいうが、知識だけで体験がなければ本当の意味での理解が得られないことから、そんなものかなぁとの思いだけで終わり、やがて必要な時には何処かに埋もれて出て来ないでいても、用もない時にフワリと思い浮かんだりするものである。

例えば自転車の乗り方を知識として、右に倒れそうならばハンドルを右に、左に倒れそうならばハンドルを左にして、真っ直ぐに進みだしたらペダルを左右バランス良く踏み込めば自転車には乗れると教えられた場合、やってみると全く嘘の教えを受けたかのように上手くいかない。しかし、一つも諦めることなく一生懸命に努力しているうちに上手になって、やがて、自転車に乗っているのか乗らされているのか全く分からなくなって、無意識でも乗れて自転車が自分の手足と同じようになってくれる。

これを我がものというが、この我がものというのを道廣は大切に思う生活を続けてみて、正しい思い込みを付け加えることを実行して良い結果を得ている。
この世に子孫を残すとすぐに死んでしまう動植物の多い中、人間は長く生き長らえるようになっている。そこは、人と人が助け合う目的や豊富な知識を子孫に残す目的があったことによるものである。

道廣の妻が倒れて以来、当然のことながら妻の手足となって世話をし手助けをしていた。それこそ朝の顔洗いから夜中まで、妻の行動全てが我がものとする生き方をしてみて、それこそ六年の歴史ありで、さまざまな心構えや覚悟をして相手がそのまま自分であるとの思いや、相手になり代わる思い等によって上手に乗り越えたいと思っていた。だが毎日二、三時間の睡眠で十六キロも痩せ細ってしまって力もなくなり、さまざまな免疫力も弱まるにつれて、自身もさまざまな病状を招くようになり、それこそ共倒れ状態の危機を何度も乗り越えてきた。さまざまなこと全てが初体験であったため、慣れない、分からないによって生じる心の負担が大きく影響したものと思われる。

やがて妻は自分のことが全く出来なくなってていく。どんな状況になってもよいように自作の介護用品まで準備を整え、介護にもすっかり慣れて、何が起きても上手にごく当然のこととして処理が出来るようになった頃に、いよいよ入院となる。そして点滴で生命を維持するも意識はなくなっていったが、コロナ感染対策で面会禁止のために洗濯物の受け渡しだけしか出来なかった。ただただ生きるもよし死ぬもよし、心の本体の望まれるままとお願いし祈る日々であった。やがて病院から、目が開いて手足が動くようになり意識が戻ってきていますと連絡があって、面会禁止は特別に解除された。

妻はそれから二日間、楽しそうな嬉しそうな顔で眠り続け、やがて静かに心臓は停止する。家に連れ帰った二日間は、嬉しそうに笑顔で過ごし、三日目からは何かを見据えているかのような、何かを見通しているかのような仏の顔のように変化していったけれど、素晴らしい人生の最期ではなかったかと思う。

時折見かける光景で、交通事故で亡くなられた方がいると道路そばの電柱の所に供物や花などお供えしているのを見かけることがある。見るたびに道廣は「そこにはいたくないだろう。一刻も早くみんなと共におれるお墓があるとよかろうに」と思うことが多かったものである。人は生きていようが死んでいようが相手の気持ちを大切に、大切に思うことはとても大事なことであって、こちらの笑顔に相手がつい笑顔になってくれるような嬉しいことを「サッ」と探し出して言ってあげられるようになれたら素晴らしい。

妻の肉体が天に燃え上る時に道廣は「行ってこいよ！　必ず帰ってこい」と言った。道廣と妻の心は一点の曇りもなく、晴れ晴れとした天空を浮遊して、再びこの世で夫婦のまんまこの家を良き住み家として生きることとなったのである。

妻は大病になるとほどなく死んでしまう人のある中、長く生き長らえてさまざまな未知の経験や体験、知らなかったことを数多く教えられたり、めったに出来ない体験や絶対に出来ない試みも出来うる限り進めていただいたことには感謝している。その上で自分を大きく変えた考えがあった。これは道廣の思い込みであるが、使えるものならば使っていただきたく思う。

夫婦と言えども何もかも、一切の面倒を見ていくというのは実に大変であり、夫婦愛だけでは不足であり尊敬やうやまう心ならばと思い、愛の上に敬《けい》（人は尊敬する人をののしることは出来ない）を載せた「敬愛」を用いるようにしても、心の負担からまぬがれることは出来なかった。しかし、ある時「フト」自分が頼みもしないのに、自分が知る知らないに全く関わりなく、ただただ何処までも、何処までも優しい心を振り向けて育ててくれた父母のお蔭で今日只今の自分があると知らされた。それなのに、自分という人間は美味しい食べ物を与えられるとただ笑顔を浮かべて食べ、有難うも言わず当たり前のこととしていたし、味が悪かったり量が少ないと言っては不快なしかめっ面をしていた。それでもただひたすら、他から害を受けないようにと守りいたわってもらった。

その人との最期の時だって、愛する人愛してくれる人を失った悲しさ寂しさで、ただ泣き伏すぐらいしか出来ず、ただ自分の気持ちだけを優先し、その人が最も喜んでくれるようなその人にとって良い子の部分がなかった。何もかも中途半端で、その人の夢や希望とは大きくかけ離れていたに違いない。少しだけ物事が分かるようになってそのことに気付いたとしても、大きく時を隔てた今となっては実に致し方ない、止むを得ないことである。だから、せめて生きて生かされていることに意味を持たせるため、人間として不足する部分を満たすため、大恩愛を注ぐことを生きがいとされた父母の良い子として生きるのが望ましい。世の中の誰かのために命を投げ出して、役に立つことが大恩愛に報いる唯一無二の方法であると思うのである。

そのことが功を奏し、物の道理からも有益な結果が得られるようになってきて、どんなこともどんな時も一つも恐れることなく、ただただ当たり前として迎え入れられるようになった。たとえ楽しくはなくとも快適に過ごせるようにしてあげて、出来るだけ本人の願いや希望を叶えてあげることによって全てが好転するようになっていった。その全てが妻のお蔭という、求めなくても物の道理上から付与されてくるお返しであると思うことにしていた。

ボランティアの人が見返りを期待しなくとも、それ以上の素晴らしい有益な結果が必ず物の道理から付与されるようになっていることとも一致するやり方であると思う。

そうした相手も良くて自分も良い方法（ウィンウィン）という、双方に得《とく》となる良好な関係を築くのがとても大切なことだと思う。物の道理をよく知っているつもりの道廣であっても、ついつい物の道理から外れがちである。大変な思いから何とか抜け出して、物の道理に従っていることに心を向けてもらいたいものである。

大病になったならば当然のことながら、今までとこれからとでは違う。大病とは間違いの言動が物の道理や人道、肉体内から指し示される働き掛けのトラブルや不快感や不都合による円滑現象の停止処置であることが解き明かされて、不快感や苦痛に「良くしたい、より良くする」の働き掛けをしても、肉体と共におられなくなったなら肉体を離れて真新しい肉体を得ると説かれても、まだまだ不安であろう。不安とは、さまざまなことが分からないことによって生じる心配事である。

では「父に何を頂戴しましたか？」「母に何を頂戴しましたか？」と問われ、正解が出せるだろうか。それは聞かされたり見せられたならばコロンブスの卵の話のようになるのであろうが、父には自分という生命を母には自分という肉体をいただいて、父が半分母が半分の生命と肉体を得られて育った。その条件の備わりまで頂戴させてもらったことになる。このように教えてもらうと「なーんだ」というようなことであっても人間は知らないことが多いものでもある。

大病と知った日から、眠る時間になっても眠ることも忘れて二十四時間四六時中、不安と心配や寂しさや取り越し苦労に身も心も浸し、不必要な苦労を招いて耐えられないほどの加重や負担を心身にかけ続けて、完全に弱って疲れ果てるまで眠れないものである。それはもう、寂しくて辛くて全く疲労困憊して、誰とも話したくない笑いたくもない世界の毎日がやって来て、そこへ死への不安や恐怖がしっかりと居座っている。

それらは、道廣自らの実体験や教えられたことである。道廣自身が幼い時から老人になるまでの間には、一体どうして絶対に助からない自分の命が助かり、しかも重症でもなく、人に迷惑もかけず、無傷であったりと数えきれないほどの体験をしてきて、今日只今も生きて生かされている。ではそんなに生きたかったか、と問うと、それはみんなと何ら変わらないだろうが、違ったところを探すならば、生み育ててもらったご恩に報いたいと願い、誰かのためにありたいと望み、全人類を正しく明るく照らして自他共に良くなっていきたいと思い生きてきたことぐらいである。そうした思いが成功へと導かれた物の道理に正しく適った状態の先取り現象であったと思われる。

道廣のように大病を何度か乗り越えて生きれば、初体験の時とは違ってくることもある。道廣も心静かに悩み、やがて、心静かに悩む時間を「安らいだおだやかな心」と自己暗示して眠り、目覚めたならばそれこそ「安らいだおだやかな心」であの木にもあの草にも、虫にも鳥にも話し掛けて教えを受けた。

人であれば全く知らない人に対して簡単には話し掛けられないけれども、言語が通じないもの達には即、素直な心で尋ねると、実に良き指導者というか師匠となった。それこそ、今まで知らなかったことを教えられ、気付かなかったを気付かされて、見えなかったものが見えて、聞こえなかったことが聞こえるような気さえした。でもそれらの学びは単なる道廣の勝手な思い込みであり不確実なものであったが、人生の最後に近い只今も、その際の思い込みを抱えているのは正しいことであろう。決して年寄りの愚痴でもないと悟れば、その学んだ全ては学んだ人のものとなり、誰もそれを奪い取ることは出来ないのである。道廣も教えることによって失うべきものなどは一つもなくて、それこそ良いことは皆で分けるのが正しい。

人間は他の生命を奪わずには生きられず、食べ物の全てが生き物達の生命であり、人間が生き続けるには他を殺し続けてしまうことになる。それは致し方ないが、人間の身勝手だけで何ら感謝もしないならば、自分の生命だけが大切で他の生命は尊重出来ないということになる。そうであれば自然や生態系が乱れ、やがて人間が消滅する可能性も出て来る。

人間は筋の通らないことを言って逃れたり、自分だけが良くなりたくて、バケツに入れられたカニのように自分の仲間を踏み台にして、やっとの思いでバケツのフチを掴《つか》んだ途端、下から引きずり下ろされるといったことの繰り返しである。正しくはみんなで助け合えばみんなで脱出出来るが、自分のことしか考えないで自分だけが大事と、みんなを巻き込みながら皆で終わりを迎えてしまった時に警鐘を鳴らしたとて、危機的状況を認識することなど出来ないだろう。

植物は自分の境遇をありのままに受け入れて嫌がることもなく、みにくいものの中から美しく良いものだけを見出し、喜んで美しい花を咲かせて自他を楽しませ自らを輝かせ、他を傷付けたり恨みに思うこともなく、道理に適う美しい花を咲かせて実をならせ、子孫繁栄を続けて生きてきた。人間のように隣人と争って互いを不幸や不都合な状況に追い込むような愚かなことはしないが、人間は真の知恵や思慮が足りないから、自分の悪事を隠して人の悪事は騒ぎ立てたりするものである。

このように、植物は実に物の道理によく適って生きて、世のためになる実をならせている。人間も愚かさを自覚して物の道理に適った生き方に方向転換して、間違うことなく正しく軌道修正することによって、人間の進化は一挙に前進していき、やがて全人類が物の道理に従う生き方を選択した時、人類の戦争は必ず止むというのも物の道理である。

世界の国々が助け合ってもなかなか難しい問題が山積している中にあって、人間の心の本体が望む平和と幸せを破壊し、破滅への言動で自国だけの大きな希望や夢を叶えたいとしても、物の道理や人道が許すはずはないのである。でも、人間は戦争を止めない。すなわち物の道理を知らず、物の道理を知っていても侮《あなど》り軽んじる故、自国だけの大きな希望や夢に突き進むのである。それを物の道理上の最も正しい観点から見たならば、実に大間違いであり大変馬鹿な行為である。でもその馬鹿な行為が始まったならば、互いに相手を打ちのめすことで、国民は真に気の毒なことではあるが、実はその政策の一つひとつにも国民や兵士がみんな関わり携わっているのが戦争であり、国民や兵士の生死の度合によって勝敗が決まったり終戦となるものである。

何処の国であっても自国の神仏を後ろ盾に自国の言い分を正当化して、「聖なる戦い」と称して相手国に極悪非道の限りを尽くすが、物の道理や人道に外れた行いに勝れていても、それを自国のヒーローとして勇士、英雄と褒め称え末永く語り継ぐ。しかし相手国からしたら、敵国のヒーローは自国に大損害と大きな痛手を負わせた極悪な大罪人であって、それこそ八つ裂きにして粉々にすりつぶしても恨みは晴れないほどの者である。そんなこんなで生きる人間達である。その心は実に幼稚で進化していない証は至る所に見え隠れし、浮き彫りにもなっている。

相手を嫌ったり嫌がることは不幸や不都合に繋がり、人と争うことや戦争などに参加して人を殺すということは、平和と幸せを求めている物の道理と人道は「良くする、より良くしたい」へと導く働き掛けを続けていてくれるのに、人間は心の本体の意思に対して、真逆の言動で反抗していることになる。それでも心の本体も物の道理も人道も、ただただ間違いだけを指し示して見守って正しく導きたいとしてくれることに、きっといつかは誰かが気付かなければいけないことである。

もしも自国が戦争に突入したならば、戦場に駆り出されたり、何らかの影響を受けるのは確実である。相手国に対して個人的には何の恨みもないが、敵国となったからには殺さなければ殺されて戦争に負ける。戦いに負けたならば、それこそ自分も自分の家族も悲惨な目に遭うから勝たねばならぬ！　それが自分を守り、家庭を守ることになる。

そのように双方の国の兵士一人ひとりが思い、双方共通の心で互いの兵士が戦い続けて傷付け合い殺し合って、互いに恨み辛みを抱き合って、勝ったならば恨みもウップンも損害も全て相手国の人々のせいにしてしまい、それこそ悲惨な惨劇を引き起こしてしまうのも人間の常である。しかし、もしも人間が物の道理や人道を深く理解して、それに正しく従っていたならば、ものの見方や考え方は違っても世の生きもの達の全てが「幸福に生き長らえたい」と願って止まない。だが物の道理や人道に通じていない人は、自分だけが大切であり他はどうでもよいと思うような小さな人間だから、殺人や戦争が始まると即刻、自分がやられる前にやっちゃえ、というような低級な考え方しか思い浮かばないことから、自ら殺人や戦争に進んで参加することになる。

さまざまな理由や根拠もあろうけれども、そうしたことの原因や結果はしっかりと物の道理や人道に照らされ、自分が殺したり不幸にした人達の不幸に等しく、自らも大切な周囲を巻き込みながら不幸のどん底に落ち込んでいくようバランスは取れている。私達人間の肉体だけならばよいにしても、その中味なる核心の精神、心、魂というものは永遠不滅であり続けることから、必ず絶対にまた真新しい肉体生命を受けるようになっている。私達が死ぬことによって、進化や減退もあり、只今あるような優れた肉体が完成することにも繋がる。

そうなるためには、只今生きている私達の肉体生命が終わって真新しい肉体生命を受けるまでには、さまざまな工程や段階というものがある。生命が終わると、精神、心、魂というものは生前の肉体があるという感覚のまま、あたかも生前同様の身と心の状態、状況で、生前の自分のなした言動の一切、その原因と結果までが物の道理と人道に真に正しいか否かについて、事細かに物事の細部にまで及んで厳しく問い正す（間違いを正しく直させる）。

そうなる浄化に何ら抵抗がないならば即刻、真新しい肉体生命を受ける次の工程へと進むこととなるが、それこそ大きな罪悪の間違いがあればあるほど一工程で長く差し止められたまま、自己のなした罪過《ざいか》（知らずに犯した罪も含む）等が完全消滅した状態の浄化をもってその工程は終了する。

そうなるまでの大変さを乗り越えて真新しい肉体生命に生きる私達は、肉体内の生きもの達が自分を正しく生かそうと守護し、大変さを乗り越えて自分という肉体生命をなすことも忘れ、目先の見せかけだけの幸福に向かってさまざまな悪事に荷担してしまう。けれども、それこそ大変さを乗り越えた肉体生命を受けた精神、心、魂にとっては大変な大打撃であり、大きな痛手とダメージの再来となることから、肉体内の生きもの達には驚きの激震が走る。心臓はドキドキと高鳴り、顔色は真っ青になったり、肉体内の生きもの達が総出で大騒ぎをして身体はブルブルと震え、何とか悪事をさせまいとする。しかし、生きる身は目先の見せかけだけの幸福にすっかり心を奪われて、先に記した地獄の苦しみに匹敵する浄化のことなど知る由もないことから次々と大間違いを積み重ねる。そして浄化のたびごとにことごとく通過の妨げをしながら、最悪は条件付きでこの世で新しい生命を受けたり、受けてはなくすの繰り返しを続けなければ完全浄化がなされないという大変さを通り越すような者だっている。

私達が生きる上においては、さまざまな未知の世界にもしっかりと目を向けることによって自分達はどう生きるべきかがよく見えてくるものである。大病になれば肉体を正しく生かそうとしていてくれる肉体内の生きもの達を大切に思い、健康で生きている時も肉体の精神、心、魂を思う優しい心が必要不可欠ということになる。どんな時もどんなことにも物の道理や人道、心の本体の願いに正しく向かって生きよう。

例えば国の締め付けがどんなに厳しくとも、各個人一人ひとりが毅然とした態度で人殺しは絶対にしない！　人間はみんな親が命がけで一生懸命に育てたのだから、互いの生命を大切にしなければならない！　と堂々と力説して、それが受け入れられないなら自分の大切極まりない生命を捧げ尽くし、暗黒の未来に向かうよりも明るい未来永劫の幸福と安心な物の道理や人道に向かって、心の本体の求めるところの平和と幸せに適う最も正しい選択を双方の国の兵士一人ひとりがなす。双方共通の心で互いの兵士が正しさに向かうならば、それを国はどうすることも出来ない。互いの国は確実に敗北に追い込まれることとなり、互いの兵士の一人ひとりの勝利が実現されて、人間の私利私欲をもってする他人を蹴落とす醜い争いに終止符を打つこととなる。

たとえ全国民が反対しようとも、たった一人でも心の本体を後ろ盾に最も正しさをもって突き進むならば、全国民は正しいに付き従うしかない。世に正しいに勝るものなど一つもないのだから、どんな悪者も正しいことの前に置かれたならば、あたかも火の前に置かれた霜や氷が形を失うが如く、悪いままでおれなくなるのが物の道理である。

私達が真に正しく生きるにはまず、何が正しいかをよく知ることが最も大切なことでもある。人々が大切にしている物を叩き壊したり叩き割るようなことは絶対にしてはならない。人間が作り織りなした祈りの象徴物である神仏を真っ二つに叩き割ったならば、一つの物体が二つになるだけが物の道理であり、誰も二つに叩き割ったことを気にしなければ何事もなく終わる。それこそ開眼して魂が入れてあるとされるものでも、全くの無害で罰当たりなど一切生じようがない。だが何か罰が当たるのではないかと思っていると、当人の思いが実現するように誘引されることになる。そのようなものであって、神仏の祈りの象徴物が何らかの意思を持ったり何かを理解するということなど絶対にないが、開眼や魂がと言われたならば恐怖心がかき立てられてしまうものである。だが、ただただその中味には材質の性質があるだけのことである。

では、これも絶対に、どんなことがあっても絶対にやってはならないことであるが、人間が人間を真っ二つに叩き割ったならばどうであろうか。それはもう眠れない日々を送ることとなり、眠れたとしても夢にうなされて思わず大声で助けを求めたりして、日々不快な悪夢に痩せ衰えていくことになる。それこそ死んでも生まれ変わる時も悔《かい》恨《こん》と懺悔《ざんげ》の念に襲われて、背負っても背負いきれないほどの罪過が自分のものとなり身から離れなくなってしまう。

これは人対人が互いに神的存在である証であり、そのところが分からないようになっているが、物の道理による原因と結果の世界から見るといとも簡単に解き明かされるようになっている。そこで大切なことは、何事も何物も物の道理による原因の結果を通過するように完成されていることをよく知るところから始めると理解が早くなることから、原因と結果に目を向けよう。この世の中にある優れた精密機械の全ては、物の道理による原因の結果がしっかりと詰め込まれて高い精度と高度な技術が組み込まれている。

そのようなカメラなどよりも優れている私達の脳や目は、やはり神のものなる神品であるとして大切にするというのが正しい。私達の人、人々、人様の人の世は、人様に対してよくすればよくされる結果となり、悪くすれば悪くされて、笑顔は笑顔を呼び招き、怒りは怒りを呼び招き、互いに同等に等しくなろうとして止まず、バランス良く調和した平和と幸せ（争うこともなくおだやかで幸福）でありたいとする。

たとえ相手からどのような厳しい仕打ちを受けても、その全てが自分の過ぎ去った前世の悪い行いについての罪を指摘し、現世でも罪のつぐないと浄化をさせる「良くしたい、より良くする」を用いてくれ、積善《せきぜん》に繋げるための厳しい仕打ちと見て取り、そのところに因果応報である前世、現在、未来の善悪の上に立ち善因善果、悪因悪果というものを組み込んだ考え方が必要不可欠ということになる。

そうして正しい心で受容したならば、あんなふうに言われたのは、あんなふうに言っていただいたに、あんなふうにされたも、あんなふうにしていただいたに正しくなるようになっている。

人を神と思うこともないことによって、相手にひどい仕打ちをされたならば即刻、同等のことをやり返すか、それも出来ない立場なら唇を引き絞り不快な顔をして報復合戦や復讐をして、やがて敵対意識が強まるにつれて互いに憎み合い、果てにはさらなる不幸をつくり合う。このように正しい心と間違った心とは当然のことながら正反対を作るものであり、間違った心では不快対不快のバランスが取れてしまい、互いに助け合いたいとする人間の内奥に秘められた平和と幸せへの目的とは大きく掛け離れた方向に向かって突き進んでいくことになる。

人が人として正しく生き生かされるためには、他人を幸せにし、同時に自分も幸せになるという思いや善行をなし続け、さまざまな罪のつぐないをなし、積善となる得策を行って生きることが大切極まりないこととなる。

こんなにもあんなにも教え諭していましめるようなことをしている道廣であるが、実に賢明で知恵や行いの優れているような感じさえするかも知れない。でもその半面は正反対であるのが物の道理である。中途半端でない性格というか、スポットライトのように、ただただ向いたほうだけに一生懸命なだけが功を奏す状態が生じただけのことである。

そこから大病については絶対に戦わないで、大病は正しく生かしたいとする働き掛けで、「良くしたい、より良くする」ための大切極まりない偉大な味方であって嫌うべき敵ではないと教え、死に対しては死は意外であると知らしめた。神仏に対してはないものをあるが如く、勝手にあることに仕向けたつくりであるという真実を解き明かす目的を持ったものである。

そうでなければみんな、みんな大病と戦い‼　死の恐怖と戦い‼　でっち上げ、神仏を心の拠り所として勝手に守っていただけると信じ、決して疑わない間違いに身も心も投じることになる。

それを道廣が実体験して抜け出し正否を著《あらわ》すものであるが、そこには必ずそうするそうなるきっかけがあるのも物の道理。道廣も我が子を救いたいと思っても医者の言いなりになるしか手立てもなく、全く打つ手がない世界で自分の無力感に苛《さいな》まれた。それこそ溺れそうになっている人は普段なら取り合わないような頼りないものにさえ助けを求めてしまうように、道廣も宗教に助けを求め、高額な薬も買い与えて、その都度これで良くなると信じた。

宗教でも五十日間の祈祷をすれば必ず絶対に良くなりますと言われて、高額な金を支払わされても何一つ疑う余裕などなかった。それどころか、自分がやらないから駄目なんだと思い込んで、自分自ら宗教に入信するようになって、我が子のためを思う一心不乱の一生懸命に二人の坊さんが「実に熱心に修行をなされるが、人でも殺されましたか?」と近付いて来られた時に、「何年修行をなされましたか?」と尋ねて、駄目だ！　あれで十年ならば絶対に間に合わぬと思って次々と宗教を変えて、そのうちにつまみ食いで腹一杯になり、経典を日本語で解き明かした内容などを全部信じて丸暗記し、水に打たれながら唱えるが、次が出て来なくなると頭の中は真っ白で、

「もうどうにもなりません」と言えば我がものとしていない証と教えられた。

辛そうにすれば「我慢ですよ！　我慢！　痛いですね！　大変ですね！　辛抱しないと良くなりようがありませんよ！」も過ぎ去り、さまざまに指を組《く》んで印《いん》を結ぶと言うのをなし、九字《くじ》を切るも唱えるも全て教えの通りで一つの間違いがなくとも、それこそ、小さな紙切れの一つも動かせない！　そんなことで我が子を救えるはずもないとやっと気付けたが、あんなに利口で優れた人達が何十年も取り組まれるには何があるのだ！　尋ねることもなかったことが実に勿体ないとの思いも拭い去り難くて、近くにある神社の掃除を大雨の日以外は毎朝するようになった。いざ掃除を始めたら、何もかも忘れて、ただただ掃除をしながら自分を反省して、反正しきっていった（正しい状態に返す）。そして神仏も宗教の人々もわずかに希望を与えて下さり励まして下さったから、良くなることを心に描いて頑張ってこられたんだと思うと無駄でなかったような心持ちになれた。

それからは反省して反正しながら掃除をするように心を入れ替えて、掃除は無意識の内に行うようになった日曜日の朝、さまざまな神仏の前で名号《みょうごう》を唱えて深々とご挨拶を申し上げて、ただただひれ伏して尊びうやまっていた。だが真に、真にそうするべき価値があるのか。ないなァ、どんなに巧みに描いてあっても本物でない餅《もち》みたいなもので、何の役にも立たないなぁ。やっぱり実物で本物でなければ値打ちがないもんだ。

本物かァー、オオーッあれは、あれは俺の父と母ではないか？　やっぱりそうだ！遠い！　遠い！　やっぱりそうだ、そうなんだ。真のもの、本物とはそういうことだ！　ああ、お父さんお母さん、あなた達こそ私の神と仏であられたのに、分からなかった、気付かなかった。

この時の自分が見た周囲の景色の色が黄色であって、無風なのに周囲の草も木も強風でも吹いているかの状態に見えたが、風は全く吹いていなかったことを三十年以上過ぎてもはっきりと覚えている。

家に帰って妻に言った。

「お母さん、やっと本物の神も仏も見つけた！　俺のお父さんとお母さんこそが本当の神と仏だったんだよ！」

「そう！　お墓参りに帰りましょう」

妻のお墓参りという言葉がさまざまな不幸、不都合を一掃してくれて、追い風に帆一杯はらまれるように全てが順調に運ぶ円滑現象の生じるきっかけとなった。

自分の父母を思えば思うほどに、何者よりも優れた言いようもなく例えようもないほどに有難い、恩愛の偉大な価値ある良い結果だけを生み与え続けて下された。そんなにも尊くて有難い人達を忘れて何が神様だ！　仏様だ！　そんな物の道理に外れた者は地獄の苦しみを受けて苦しむが、物の道理であると何事も物の道理に当てはめてみるとドンピシャリと辻褄が合うことを知るようになった。

そうだ！　そうなのです！　賢明で知恵や行いの優れている表面の裏側は、みにくいほどに実に愚かで大馬鹿の集合体で、害毒のようなものから成り立っている。それが真実の姿であり、実態である。つまり利口さが途轍もなく偉大であるならば、その半面の馬鹿さも途轍もなく偉大であるのがその人の器であるのが物の道理でもあると思えば理解も納得もしやすくなる。

子供の春休みを利用して遠く離れた道廣の生まれ育った所へ墓参りに行くことになった。墓に行って家族全員で墓石を洗ったり水替えをして花を飾り、墓前に敷かれた角《かど》のある砂利の上にビニールシートを敷いて家族は正座した。

「お父さん、お母さんこれが私の妻と子供達です。遠く離れていることから何のご挨拶も申し上げずに本当に済みませんでした。とっても申し訳のないことをいたしました。どうかお許し下さいませ」

と申し上げ、宗教のお経を唱え終わり、みんなの足が痛かろうと思って足元を見てビックリ。何と金色の綿のような雲のような見たこともない美しいものが、家族全員の身体を三十センチくらい浮かべてくれて、痛いどころかフンワリと暖かくて、全く人肌に触れているかのようで実に心地好いものであった。

そして、その日の写真には赤と黄色の美しいものが映り込み、それこそこれは何？　これは？　これも、となって、妻が「こんな写真は見たことがない！　きちんと調べてもらわないと怖い！　有名な霊能力者に見てもらいましょうよ」と言うので、そうだなとの思いで霊能力者の自宅に夫婦で行った。

霊能者は大きなレンズで写真を見て「これは、これも、これもみんなあなたの先祖です！　こんなにはっきり目立つように形を見せられて、この子の周囲を取り巻いて守護されるとは凄い力が働いています。だからもう絶対に大丈夫という証です！」と言われた後、「この写真を大切にして下さい」と言われた。そして、「私はこの職業に就いて十数年になりますが、あなたが玄関に入られてから今現在も背後がとっても明るいです。初めて見ました」

「それは後光のことでしょうか？」

「そうです！」

「信じます。死ぬべきが助かった意味がそこのところにあるのでしょうから」

それから、春休みが終わったら手術をしましょうとスケジュールが組まれた日に病院に行き、四回目の同じ場所の手術前検査が終わった時のこと。「手術の必要が全くありません！　完全にふさがっていますので安心して下さい」とのことで、その日以来、生まれ出る前からの病院通いを卒業して、やがて、その次男が父親になった時にその経緯《いきさつ》を話して写真を大切にするように話してから手渡した。

今ここに全てを振り返って正しい目で見るならば、その子の救いの手は母の手であり、病院の医師の手であり、人様の支えや助け合いのお蔭によるものばかりである。神仏などを追い求めて救っていただきたいとする愚かさがなかったならば、もう少しは人としての正しい道を進んでいたのではなかろうかとも思うが、只今はそのこともかえって良かったと思っている。正しく生きて、誰か一人でも多くの人が喜んで下さるようなことをしなければならないと思う。実は、そうするしかないように幸せの先取りをさせていただいているのだ。

どう考えても理解が出来ないような助かり方を何度も体験してきた。何年も車を乗り入れたことがないような山道に迷い込んでしまった時など、前にしか進めなくてやっと、ここならば何とかなりそうなという場所を発見して方向転換をするも駄目で、車が不安定な状態になっているのに周囲は薄暗くなり、おまけに小雨までポツリ、ポツリ。妻と二人で石を拾って車の輪止めをしたりジャッキで車を安定させることがやっと出来て、いよいよ暗闇となる時間も近いので二人で車の中に入ろうとした時、十人くらいの村人が山のほうから降りてこられて、みんなで車を持ち上げて車の向きを変えて下さった。これは地獄で仏に会ったように有難いことであった。このような体験を深く考えながら今、道廣が思うのは、願いが叶うならば、のちのご褒美の先取りであると思えば、物事の辻褄はドンピシャリと合うことになる。

その願いこそが「人こそ神仏であり、自分も人も神対神である」――それが全人類の常識となった時に道廣の願いが叶うことになる。それこそ、イタリアの天文学者の「それでも地球は動いている」のつぶやきのように、なかなか受け入れ難いことであろう。それでも蟻の思いも天に届く、と一心に願うのみである。

全てのものは物の道理による原因によってなり、物の道理によって結果が顕れて正しいか否かまで示される。人との人間関係は良くすれば良くされて悪くすれば悪くされて、実はバランス良く等しく釣り合いながら進み、全てのものがバランス良くなる目的をもって収まりたい、正しくなりたいとするように完成されている。

人の世には、先人達がさまざまな体験から大切な教訓やことわざ等を残していて下さっている。私達はそのような有難いものをよく知って自分達のために活用させていただき、その良いものを子孫の続く限りお伝え申し上げることが、先人達に対する感謝と尊敬の作法である。これは人類の言動をよく観察して間違いなくその通りとなる証拠を確認し、残されたものであることから、実に尊い御教《みおし》えである。因果応報、自業自得、情けは人のためならず、人に対して情けをかけておけば巡り巡って自分に良い報いが返ってくる。このように優れた御教えも、現今の社会では忘れがちな心掛けとなってしまっているのではなかろうか。

松下幸之助さんの御教えの「世のため、人のためになり、ひいては自分のためになるということをやったら、必ず成就します」などは、実に人の大切さを中心として真に世の中を良くし、自他を「良くしたい、より良くする」は人々と自分以外の何者でもないものの証のようなものである。

そうした真に正しいものからも、人とは神に匹敵する最高の存在であることを垣間見ることが出来る。神的存在であるが故に、私達人間は自分が知る知らないに全く関わりなく、何時の間にか「らしく」というものが身に巡ってきてしまうようになっていて、人として生まれたならば即刻、何時の間にか既に「親の子らしく」が付随している。夫（妻）となった瞬間には「夫らしさ、妻らしさ」が発生していて、「らしく」を守れば正常で幸福に生きられるが、夫（妻）という身が「らしく」から外れて他の異性に心を向けていると、大切極まりない家族の心もバラバラになって、やがて、幸福だった家族の全員が身を引き裂くような思いでちりぢりに離散し、離れ離れで苦労して生きることだって起こるようになる。

会社であれば「社長らしさや社員らしさ」が発生して、社長が良くならなければ会社も社員も良くなりようがなくて、社員が良くならなければ会社も社長も良くなりようがないようになっている。自分も人も必ず絶対に家族、会社、地域社会、大きくは国家と組み合わさっていて、その中で生きて生かされていることになる。

世の中には自ら蛮行を行い、「俺の人生だから俺が何をしようと俺の勝手だ！」と意気込む若者だっているが、それこそ、親子、家族、地域社会、大きくは国家まで巻き込みながら影響をもたらしていくことになり、ひどい悪事をなせば国家機関の都道府県警察に逮捕されることになる。「俺だけの人生」もなく「俺の勝手」も駄目である。

何処までも何処までも物の道理や人道、原因と結果の世界は自他の間柄にある密接不可分な関係で、しっかりと掌握されていることから、夫が不幸なのに、その妻だけは幸福という家庭は一つも存在しないようになっていて、妻が不幸なのに、その夫だけは幸福という家庭も一つも存在しない。親が不幸ならば子も不幸、子が不幸ならば親も不幸ということになる。

この世は思うようにはならない!! 悪賢くて悪事にたけた者達の思い通りになったならば大変なことになるが、そこは物の道理や人道がきちんと掌握していて、成功させないようにしっかりと間違いを指し示し続けて下さるように完成している。

悪い考えから詐欺、泥棒、殺人などを犯したり、誰にも見つからないように完全犯罪をなしても夜は悪夢にうなされて、恐ろしい夢に堪り兼ねてついには自らの意思で警察に出頭。そして刑務所で静かに反省しながら、「誰にも見つからないように上手にやって完璧だったのに、何で刑務所にいるのだろう。そうか! さては神が天から見ていて、悪事に対する報い、天罰か」と言っても、そうではなくて、何一つ見落とすことなくしっかりと見ていたのは自分自身の肉体内のさまざまな生きもの達だったのである。

肉体内の生きもの達が悪事をさせないように内から外に出て来て顔色を変えたり、言葉が滑らかに出なくなったり、胸がドキドキ高鳴り体全体をブルブルと震わせて阻止したにもかかわらず、推し進めた悪事の報いこそが悪夢や心にある良心の呵責により叱り苛め、大間違いを再認識させて正しく改めさせたいとさせたのである。

そのことは物の道理や人道から原因の結果を通過して、加害者と被害者が全く等しく釣り合う現象を伴って、加害者側に被害者とのバランスの釣り合いが取られ、物の道理による神的と肉体内奥の生きもの達の神的とが「良くしたい、より良くする」の顕示をなすことによって、そのようになるが、物の道理の神秘、肉体の内奥の神秘の世界は人知では推し測れないような秘密のベールに包まれている。しかし、ただ何処までも等しく釣り合う性質だけは誰もが窺い知ることの出来るものである。

例えば、交通事故などの場合にはは当然のことのように加害者と被害者とが生じるが、被害者の大変が即刻、加害者の大変に移動したかのようになり、加害者も大変で被害者も大変ということになる。私達が他人を大変な状況に追い込んだり苦しめたりすると、必ずや物の道理や人道から、追い込み苦しめた人達と全く等しく、大変さや苦しい現象が物の道理や人道側から指し示されることにしっかりと心を向けた生活をしたほうが絶対に得策である。

過去において大変強烈な恐怖体験などをすると、そのことがトラウマとなってよみがえるのをフラッシュバックと言うが、戦争などで悲惨な体験などをすると、それが悪夢として顕れたり、何らかのきっかけから戦場の悲惨な状況が脳裏に浮かび、それがなかなか離れなくなる。そうした正常で健康的な生活が出来なくなってしまう人だっていることを知って、出来るだけ平穏な日常生活を営み、身も心も常に健康であるのが最も望ましい。そうあってこそ人は最も正しいものの見方や考え方が出来るのであり、何らかの妨げが生じないことが大切極まりないことである。そしてその頂点こそが何ものも邪魔をしない正しさであって、何事も正しさにきっちりと当てはまり、全ての辻褄がどんピシャリと合うことこそがこの世における最高峰である。

私達はこのような大切極まりない正しさというものを今日只今までそれほど大切とは思わず、それこそ物の道理や人道に正しく当てはまる生活でなければ絶対に幸福になれないという、決まり事の中で生きて生かされていることなど全く気にも止めない。言わば「でたらめ」という筋の通らない、勝手気ままな、またはいい加減な言動や生活をもって、不幸や不都合を招くかのような生活をしながら、自他が幸福になることを願ってきたことになる。これを最も正しい観点から冷静に見たならば、それはもう、人生上手くいかないという不幸や不都合の勢揃いで、絶対に上手くいかないという決まり事の中に生きて生かされていることになる。そして、その通りになってしまうように、もう決まっていて一つも変えられないように完成しているものである。

例えば、らしく・相対概念・絶対概念と、一つひとつ取り上げられないほどに膨大にあり、大病のことであっても、物の道理や人道をよく勉強すれば、病状から物の道理や人道を紐解くことによって必ず解決に繋がるきっかけやヒントはある。大病になった意味をよく悟り、大病になったからこそ出来る何かをしっかりと我がものとして、そこのところから良い芽を出してこそ、大病も良くて自分も良いとする。大病こそ自分をより良くするための間違いを知らしめて、正しきに誘《いざな》う大きな味方であると、笑顔で微笑むために大病になったと、大病のことを正しく明るく見て取れる大人物となろう。
そして、その明るい知恵や気持ちを正しく活かして使いこなし、どんな困難に対してもその先に進んで、さらに良い芽を大切な子々孫々へと引き継いでもらう努力をする。それが子々孫々の進化にも繋がることになる。死も、使えなくなった肉体を真新しいものとしながら次々と進化に繋げ、必ず必要があってのことであると正しく理解がなされてこそ人類の発展はある。

我らの心の本体が平和と幸せを求め、生まれ変わり死に変わりを繰り返すことによって、我らはさまざまな進化を遂げてきた。したがって、死は生物の進化にとって絶対に必要であることから、当然のこととして受け入れよう。もしも、死ぬことや大病になることが不幸であって、もうそれっきりで終わりならば、それは平和と幸せに向かっていることではない。が、心は生きている時の延長線上にありながら、肉体が使えなくなったことにより肉体という宿っていた殻から抜け出して、さらに平和と幸せを求めている。それを分かりやすく説くならば、ヤドカリが自分の身体を収めていた貝殻を小さく感じるにつれて大きな貝殻と取り替えねばならぬのとよく似ていて、違うところといえば、精神、心、魂なるもの達が本体に往復動作を繰り返すこと、それと真新しい肉体生命である。

大病とは、間違いを正しく改めさせるために、肉体がトラブルや不快感を用いて間違いのまま進ませないように完全にストップをかけた状態であるが、それでもう終わりで死ぬんだと思うのは間違いを重ねることになる。肉体内のさまざまな生きもの達が平和と幸せを求めてその間違いと戦っている真っ最中に、もう終わりで死ぬんだと主が思ってへたり込んだならば、肉体内の生きもの達も弱るのが物の道理である。

そうするのではなくて、大病の意味をよく悟り正しい心で免疫賦活作用を促す努力をして、肉体内のさまざまな生きもの達も良くて自分も良い方法の選択をなし続けて、必ず絶対に大病のお蔭で只今の幸福があるという日が来るように正しく生きて、大病をかえって良かったことにすることこそが最も正しい。

江戸時代の僧侶である良寛の言葉、「災難に逢う時節には災難に逢うがよく候　死ぬ時節には死ぬがよく候　これはこれ災難をのがるる妙法にて候」。仏教の教え、人として生まれたからには生老病死からは逃げることは出来ず、あるがままを受け入れ、その時自分が一生懸命やるしかない。

武将、山中鹿之介（幸盛）が「願わくば我に七難八苦を与えたまえ」と三日月に向かって祈ったことは、逆境を跳ね返す鹿之助の精神の強さを表す言葉である。

道廣としては、「何事もなったらなったであり、さあ、どう処理するか、ただただ正しく最善を尽くして次に備え、最終結果をかえって良かったに仕向けるしかない」である。

▼一分一秒も静止しない心▲

何事においても、そうしたほうが良いからそうしている。しかし、駄目だ！　このままではいけない！　ここでは駄目と気付く、その間違いの駄目というストップに気付く、気付かされるという、キャッチする（捕える）ことが最も大切極まりないことである。

全ての不幸、不都合は間違いに気付くことによって正しく良くすることが出来る。が、もしも、気付くことが遅くて完全停止や壊れてしまってからでは、それこそ駄目が詰まっていて、正しく処置をする方法が全くないということだってある。

そうしたことから、いち早く気付くという感知能力を高める方法を用いて、物事が円滑に流れなくなる前に物の道理や人道からなる原因の結果から発せられる異変を事前キャッチする。先取り対処によって事なきを得る方法、その基礎をしっかりと修得し実行し続けた道廣が、実に得な生き方をしてきたことを紹介したいが、それこそどんな時もどんな局面でも使いこなして思いのままなのである。

そのようになる前には必要となる基礎があり、始めるのは簡単であるが続けることは難しく感じる人もあろう。が、道廣は現に上手に使いこなすことにより実に便利で都合が良くて、絶対に離れ難いものとなってしまっているものがある。ただただ実行し続けて、体験や体得することによってのみ大きな幸福や好都合に導かれるようになっていて、知識だけではそんなものかなぁと思って終わるか何処かに埋もれて必要な時は思い出せなくて、用もなくなった頃にフワリと思い浮かんで「ああ、そうだった」で通り過ぎる。そして、何ら役に立つこともないことから必ず実行して、その良い結果が世界中の人々の当たり前になる日が必ず来ることを強く願い、出来るだけ分かりやすく進めていくことにする。人それぞれそれなりに進めていただいて、良い結果を打ち出して生きる生かされる喜びが漲《みなぎ》ることを念願する。

まずは、私達の心に備わる良心に従う行いの実行であり、良心からのメッセージの第一歩は朝の目覚めであり、目が覚めると同時に「サッ」と起きることがスタートとなる。スタートがなければ当然のことながらゴールもないことから、明日の朝から頑張ってもよいが、明日という日は毎日やって来るわけで、その都度先延ばしにしていると、良心だって相手にしなくなって、邪心と共に生きて見せかけだけの幸福で生きてしまう人にされる。

だから、良心の丁度良い時に気付かせてもらうには、しっかりと応じて真の幸福になる得策を選択しよう。このことについては相対バランスのところで分かりやすく書いてあることから、二度見して理解を深めてからでもよくて、一歩、一歩確実に自分のペースで進めていっても全く同じ頂点に立てるようになっている。

次のステップもその続きであり、やるべきことに気付く、気付かされた時に「サッ」と処理してしまう習慣を常に実行し続けていこう。毎日そのような生活をしていくうちに自分自身の心境も昂《こう》じていき、やがて、気付き気付かされる良心の働きがどんどん鋭敏になっていくにつれて、当然のことながら以前とは全く違うものの見方、考え方となる。

初めの頃は少し良いことをすると誰かに見て欲しかったり、褒めてもらいたいと考えたり、自分が綺麗に掃除をした所を汚されると腹が立つが、そのうち自分の存在感を高めることなど関係ない心になり、自分が只今なしていることに大きな喜びを感じるようになっていくものである。綺麗に掃除をした所には花でも飾りたくなってきて、それこそ小さなゴミの欠片《かけら》でも「サッ」と拾ってしまうようになるものである。そうした流れのプロセスは実体験によるもので、人は同じようなことをすれば必ず同じような結果になっていくものである。

道廣の場合は、自分の心境を急上昇させるために毎朝四時に起きて妻が布団からはみ出ていたら「ソーッ」と掛けてあげて、「こんな夫で済みません！　今日一日よろしくお願いします」と両手を合わせて合掌し、次には子供達の所に行き「こんなお父さんで済みません！　一生懸命あなたが自立していけるように頑張ります！　あなたも自分なりに頑張って下さい」と両手を合わせて合掌していた。六ヶ月ぐらい経った頃には、妻が「お父さんの目が優しくなった」と言ってくれた。

そのように言われて、そうか目か、目がねえと思い悩んでしまった。道廣は初対面の印象が最悪で、ことに勝負事ともなると突き刺すような目、プラス、唇を引き絞り鬼の形相に変貌してしまう、というのが大きな短所であった。この悩みは、人にいじめられた恨み辛みによって、絶対に負けない！　勝つんだとの精神が内から外に出て来たものだと思われる。そのような目は相手に対しては完全なる敵視であり、人に逆らうというのは、自分の幸福にも逆らうことだと悩みに悩み抜いて、「そうだ！　あれだ！　あれしかない！」と道廣の二人目の姉の主人の目を思い浮かべ、「あの目を頂戴いたしまする」と念願した。

その義兄は人の目を「ジーッ」と見ることは絶対にしなくて、常に伏し目がちで、まばたきが多く、常に何かを真剣に考えている様子で、仕種も立派な人を思わせるものであった。

そして、やがて七年の年月をもってやっと、念願したことが希望通りに好ましい形をなす日がやって来た。それは長年の知人で友人とも言うべき人が来て、仲良く飲み始めた酒の席でのことだが、友人が過ぎた昔を話題にし始めた。そして最後に長年ためた怒りからだろう。感情をむき出しにして強い口調で声を荒立てた。

その時道廣は柔らかく「ソーッ」と受け取ることを実行したが、許さないのは成り行きの全てを知っている妻であった。友人が帰るや否や、即「お父さん！　あの人はあんなことを根に持っていたとはビックリだけど、あんふうに言われて、どうして『ビシッ』と言わないの。私だって許せないくらいでしたよ！」と言われたが、「そう、まぁ、分かっていただいて『だったら許す』と言われたし、長年のウップンが晴れたなら良かったよ」と言った。「それよりも、俺の目がどうだったか教えて欲しい」と聞くと、妻は「大丈夫！　最初から最後まで優しい目で、笑顔も上手に添えて百点満点でした」とのお褒めの言葉をもらった。すっかり嬉しくなって、「本当！　では目は合格で、成功ですか？」との言葉に対しては、「勿論！　私が自信を持って太鼓判を捺すわよ！」と言われて安心した。

だがある時、多くの人を相手にする仕事中、自分を強く見せていないと生きられないような人から「おい！　もう一度来るから、俺の顔をよ〜く覚えとけ！」と鋭い目と顔を向けられた。顔には大きな傷跡があり、凄まなくとも十分怖さに満ちた人が、道廣が何と応じるか試し見るかのように覗き込んでいた。その一瞬、道廣は試すチャンスとばかり、「本当に怖くて恐ろしい思いをしたことがないだろうから、教えてあげよう」と一歩前に進み出ようとした時である。「済みませんでした！　失礼しました」と、相手が頭を深々と下げて謝ったのだ。それを目の当たりにして、「いや、いやこちらこそ本当に済みません！　大変な思いをさせてしまって」と、道廣も頭を深々と下げて謝ることになってしまった。

道廣はそのことで、「あぁ、何ということだ！　あんなに、あんなに努力してやっと本物に優しくなったはずの目も顔も一瞬にして消えたのだ！　妻の百点満点も太鼓判も台無しだ」と思い心を痛めると共に、心とは表も裏も常に日本の国旗のように赤《せき》心《しん》という真心で、正しく明るく嘘や偽りのないものでなければならず、四角い心を何とか丸い心に変えていきたいと願ったのであった。

そして、その日からたった一度も鋭い目や般若の面に似た恐ろしい顔は誰の目にも映ることはなかった。そののち、心は年も取らずに老化もなく死ぬこともないならば亡くなられた人の心も生きている。だったら、必ずや意思の疎通は絶対に取れるはずだ！　ではいったいどうしたら？　まぁ、良い知恵も思い浮かぶこともなかったので、ただただ心の良心が気付く気付かせてくれる通りに、何事もなし続けて自分の感覚を鋭敏にし続けていた。さまざまな情報を得る手段を作り出していく天の理法を用い続けているうちに、何時の日にか必ず良い方法に気付かされるであろうと思うことにした。

心の良心の気付き気付かされるままに、なすべきことをきちんと実行し続けるのが当然のこととなっていたある日、テレパシーのように精神感応が望ましいのではないかと思った。まず行ったことは自分の親、先祖に対して「これこのようなことを知りたいので教えて下さい」と念じ、その全てを完全に忘れ去ってしまう。心には何も思わず、心を完全に空にして、思い付くこと気付くことを次々とやっているうちに、「教えていただきたい」と念じたことの答えが脳裏に浮かび、そのことが本当に正しいか否かを必ずと言ってもよいほど広辞苑で調べていた。そのことごとくは正しくて間違いは一つもなかったが、質問に対する返答返しが即来る時や、それこそ時空を超えるというかさまざまな空間の隔たりをくぐり抜けてくるのか、何日も過ぎたのちに来る時だってあったけれども、返答返しは必ず来た。

そのことから、先人達との意思の疎通が取れるならば今現在生きている人とも意思の疎通が取れるのではないかと思うようになり、色々な人に試してみることにも成功したが、便利で好都合であった。

「信じられない」って？　道廣よりも努力してのことならば道廣は嘘つきである。やってみたら実に、その通りであっただけのことでしかない。人間はみんな同じようなことをすれば同じようになっていくものであり、ならぬのはやり方の何かが違うのだから、そこのところを正しくすれば同じ結果が出るのも物の道理である。

では、道廣の行った思念による意思の疎通の取り方の行程を解明する。この解明によって世の多くの人が人と人、自分の愛する人、自分を愛してくれる人が亡くなっても、それはその人の肉体が使えなくなっただけで、本当の中味である感じるもの達はその人の体調が最も良かった時と全く同じ状態で生きていて、その肉体があった状態で出会うのも可能になることだってある。道廣に出来てこの世に生きる誰にも出来ないならば、道廣は特別な世界の偉人ランキングベスト10！　の仲間入りであるが、道廣は常に他に劣ることのみ多くて、それこそ人様の三倍の努力でやっと人並みだったのである。

世の多くの人々が知らなかったり気付かなかったりで大損をしたり、不幸であったのを真に良い得策に、あるいは幸福に転換する方法をそれこそ人様の何十倍もの努力の結果知り尽くした経緯の流れを明かすが、その中には解読の出来ない部分もあり、複数回確認をすることによって正しく理解したこともある。

ただただ心静かに安らいだおだやかな心になりきった心で、「神仏の有無について、どちら様かお答え下さいませ！　心を空にしてお待ち申し上げます」から始めて、「この世に神がいるならば、神の全知全能の働きによって、人間ごときのなせる悲惨な惨事は絶対に起きないように阻止出来るというのは全くの皆無であり、この世に仏がいるならば、仏の慈悲の働きによって人間ごときのなせる悲惨な惨事が絶対に起きないように阻止出来るというのは全くの皆無である。これは神仏の存在がない証であり、もしもあるならば、最も正しい真理、真実を知られた方の御教えを受けさせて下されば、必ずや人類進化に繋げる架け橋を担う約束をさせていただきます」

このこのちの返答返しは膨大すぎて、ほんのわずかの紹介に終わるが、現今まで知られなかったことが本書によって新しく知られ伝わることは、こうした意思の疎通による流れが多く含まれていることになる。

「人間の孤独感や無力感に対して、心の拠り所として遥か遠い昔から神の存在はあると信じられていたが、人々の行動範囲が広がり物事をよく理解する力が発達するにつれて、人の言うことについての全てに賛成と反対、賛否両論が発生するようになっていき、神の存在さえもいる、いないとなったが、世の中にある超常現象なる人間の人知、知見では説明の出来ない現象を見て『これは絶対に人間の人智を超越した神がいるに違いない』が有力視される。それと共に神がいる説を取り入れるほうが好都合であったことになるが、真には神がいる証拠もなく、いないという証拠もない状態から、神はいるとする憶測だけが突き進んだものである」に対して、「有難うございました。過去の時代において未来に残すべきものを私という道廣が頂戴いたしまする」のお蔭という影響力は実に有難い天の理法となり、多くの知恵や全く未知の世界を知るに至ったことであるから、これは全ての人のものである。

次は、今から三十数年前の話であるが、実にさまざまなことをよく教えて下さった寺の住職様のことである。御前様と皆様が呼んでおられたことから、道廣も人前では御前様とお呼びするようにしていた。四月八日の朝、御前様を念じたわけではないがその顔が思い浮かんだことから、何はさておき車で三十分くらいはかかる寺へ向かった。

寺では、四月八日は釈迦の誕生を祝う仏教行事の花祭りの真っ最中で、大勢の人が集まっていた。御前様が「道廣さん！　私の葉書をご覧になられてお出で下さったのですよね」と真剣な眼差し。「葉書は書くことも出されることもなかったはずですが、今朝九時半頃に御前様に私のことを思っていただいたので、その誘いをお受けして参りました」と言った。すると御前様の目は点になり、

「今日はこの祭りが終わって皆が帰っても残っていていただきたいのですが」

やがて一対一の会話であるが（途中省略部分あり）、

「道廣さん、今日という日は私が納得するまでお帰し出来ませんよー」

「もう既に先程、御前様の納得に繋がることを申し上げています」

すると、少し考えるようになさって、

「実は、前々からさまざまな不思議な体験をしていまして、その全部、残らず自然でもなく、偶然でもないことに気付いています」

「この世には真の偶然の出来事もなくて、奇跡もないですねえ。あるのは必然だけですねえ」

と応えると、うなずくようにしながら、

「ではまず、一を教えて次に十を知っているのはなぜですか？」

「ただ、教えられることを予測して、そのところだけ涙ぐましい努力を付け足したにすぎません」

「次に、私は東京に仕事に出掛けることが多くて、こちらにいる時が少ないのですが、今帰り着いた時とか、今日は道廣さんと会いたいと思っていると必ず来られるのはなぜですか？　あなたには何か特別な優れた力があります。その優れた力や能力を是非とも私に教えていただきたいのです」

「今までの御前様の気付き気付かされる通りの仕事ぶりや動きを見ていて、出来て当たり前の境地や心境にあると思っていましたので、もう既にお出来になられるはずです。なのにお教え申し上げたのでは実に価値がないと思いますが、どうなさいますか？」

少し間が空きすぎた感あり。道廣が、

「答えもヒントも振り返られたら間違いなくあって簡単すぎます」

これで、会話が終了。

次は、道廣の亡き姉との三十五年ぶりの再会について、道廣は四歳で母が他界してから姉を母のように慕うようになったと思われるが、それはどんな時もどんなことにも道廣の味方であってくれて、それは道廣が大人になっても少しも変わらなかった。

大の仲良し姉弟であったが、やがて二人は遠く離れて暮らすことになった。だが姉は若くして他界してしまい、それこそ寂しさと悲しみの年月が流れて、もう会うこともないと思うたびに涙が流れ、ただただ姉の冥福を祈ることしか知らなかった。でも、物の道理や人道、原因と結果の世界をよく理解して、さらに相対概念のことをよく理解したことによって、生と死についても一対バランスであり区切りもないことから、だったら今から姉さんに会うことにしよう——。

○○姉さんを念じて、

「○○姉さん今から会うことにします。只今は布団の中です！　完全に無意識か仮死状態になるでしょう。そうでなければ普通に眠ってしまうことでしょう」

鮮明に記憶に残っていたことは「○○姉さん」の二十三歳くらいの美しい裸体。

「正ちゃん！　そうかA子ちゃんか、来れないねぇ」

今退けると退けて「さあおいで」と両手で迎えられて、磁石と同じように互いにガチャンと両手を相手に巻き付け合って、何の会話もなくて互いに相手の思いの全てを理解し終えていた。それ以後、姉を思い出して涙が流れることもなく、姉の冥福を祈ることもなくなったことから、あれは単なる夢でもなくて互いの若い時の状態に再び戻る現象なのであろう。

道廣と全く同じようなことをして、自分を誰よりも大切に思ってくれて、自分を誰よりも愛してくれた人に会いたいならば会うべきだと思う。たとえ失敗してもよい。その失敗の中に必ず成功へと導くヒント、手がかりになる情報が隠されているから、そこを正しくすることを繰り返せば、必ず、必ず成功に導いてくれるのが物の道理である。

道廣はたまたま何事も上手くいっただけで、その昔は失敗の連続だった。だが諦めずに努力するうちに物の道理が、それも駄目、これも駄目と成功するまで間違いだけを教え示して成功に導いてくれて、やがて成功続きを迎えられるようになれただけである。物の道理はたとえ何度諦めようとも何万回失敗しようとも、やる気スイッチさえ入れたら即刻間違いを指し示して、ここが間違いであるとストップをかけて、実に寛大な配慮で必ず成功へと導いて下さることから、必ず成就しますの世界に生きて生かされていることを忘れないようにしよう。

道廣だって人の何十倍も涙ぐましい努力を積み重ねてやっと物事をよく見通すことが出来、達人の域まで成長したのである。何でもよい！　一つだけ達人になりさえすれば、何事においても必ずや共通点はある。その共通点にいち早く気付くことによって初体験のものも即、達人に上り詰める道が開けるようになっている。気付き気付かされの良いところというか面白いところは、皆様が大変お困りのことが意外と物の道理や人道、原因と結果に当てはめて「サッ」と正しく、最も良い方法で回答が出せてしまうことである。

さあ、やる気スイッチをポチッと押して、やる気スイッチ・オンのままに気付き気付かされるがままに正しく、正しく生きていこう。何事も正しさが一番上であり、正しく、正しくしておれば必ず絶対に成功するのが物の道理である。

現今までの私達人間は、見えなかったり分からないことに対してはないと決め込んでみたり、曖昧なことについては自分に都合がいいように勝手な思い込みをしてしまう悪い癖があった。そのように見えなければないこととしたり、勝手な思い込みも駄目なことであって、本当は暗い所から明るい所が鮮明に見えるように、物の道理や人道側からは一つの漏れも落ちもなく、全ては見られていることになる。

▼誰でも頭脳明晰である▲

私達人間は周囲の一人ひとりに対して、それぞれ各個に自分なりのイメージ像を心の中に描いていて、そのイメージ像によって一人ひとりに言葉や自分の態度を変えて対応するという習慣がしっかりと身についていて、あの人とこの人は全く同じイメージ像というものなど一つもないように完全に個別の認識をしている。このことについては誰もが頭脳明晰であって、頭の働きが良くて考えがはっきりとしている。それは人間が正しく生き抜くための知恵が自然と備わってきたもので、人間の進化に欠かせなかったコミュニケーションで意思の伝達や通信、人と人との交流や意思疎通が必要不可欠となり、特別にそのような頭脳の発達がなされたからである。

その綿密で細かいことには目を見張るほどに物凄い驚異的な脳の働きがある。

誰もが自分の心の中でそれぞれがそれなりに自分の思いによって、各個人一人ひとりに対して、自分が見て感じた性格や経歴、業績などを一瞬にして見定めて、その人物のイメージ像を心の中に作り育てている。そして、自分の目の前にある状態等から発せられる相手の言動によって、相手に対するイメージ像が新たに統一ある形に作られながら、自分の側から敵味方の入り乱れを十分考慮した言動を発している。当然のことながら、自分の家族と友人との接し方は全く違っていて、言葉遣いも笑顔も動作や態度も同じものなど絶対ないほど異なったものとなり、ある人には物凄く注意を払い、ある人には全くの無防備であったりして、一人ひとりによって異なったイメージ像が事細かいところにまで及んでいるものである。

自分のお気に入りの人には、その人を思いやる心で相手の立場に代わって物事を考えてあげたり、相手の気持ちを大切に思って行動するような相手中心の心遣いをするが、真逆な相手となると何処までも、何処までも真逆な対応となる。何事においても自分の心の赴《おもむ》くままであって、心の世界ほど自由なものはない。

そうする、そうなる人間の頭の良さというものが人間を幸福にしたり不幸にすることを実によく知り尽くしていて、自分という者を上手にコントロールし続けていなければ、間違って不幸を作り続けていても全く気付けないで、いよいよ大変、大変の積み重ねとなっても気付けなくて、大切極まりない人生が台無しとなってしまうことだってある。

この世においてたった一人でも嫌いな人がいるならば、それはもう必ずや不幸や不都合なものを自分が育て続けていることになり、大嫌いであればあるほど自分が自分をさらに、さらに不幸や不利にしていって、もうどうにもならない状況に追い込んでしまいながら、そうなっていく状態の流れにも気付かないまま、何時の間にかどんどん底に落ち込んでしまい、自分の唯一の味方だったはずの友人、知人までもが自分を離れて相手の味方をするようなことだって起こるようになる。

例えば、自分自身の心の中に大嫌いな人がいるならば、もう既に自分自身の身の上に自分を不幸や不都合、不利に追い込み駄目にする条件や状態を併せ持っていることになる。でも、そうなってしまったことに気付けないでさまざまな支障を来すことにもなるが、その支障を来していることにも気付かないのが人間の常である。そのような悪い生活習慣とはオサラバして、最も正しい生き方へ軌道修正を行う時が来たことになる。私達は同じ根源を往来する身と心でありながら、人を嫌うという事態がもう既に見誤りや偏見を起こして、不幸や不都合、自分を不幸に追い込み駄目にして、物の道理上から間違いや失敗が顕示された状況下にある。そうなってしまうということは、その大嫌いな人こそ悪い人とは接触したくないと避けていた人物であったり、煙たがるような態度や表情を向けていた人であったのだから、むしろ、その嫌な相手こそが大切であることに気付くところから、今までの不幸、不都合の状態や条件から、最も正しく良い状態や条件に移るようになっている。

そのようになっていることに深く心を向けて最も正しい観点で見ると、大嫌いな人は自分を正しく導くための師であり、実によき指導者となるのだが、間違った観点から見ると大嫌いな人は自分を何処までも何処までも不幸や不都合に追い込み駄目にする、この上なく悪い人と思い込みがちとなる。が、実はその大嫌いな人こそが大切極まりない存在であり、他の人はそのように幸、不幸を左右したり自分を束縛する力が強く働くことはないように完成されていると心に置いた状態で、真に正しい観点から物事を見て取る習慣を身につけて、人を嫌うことの大間違いとはオサラバする努力をし、最も正しくて目指すべき方向、幸福と安心の助け合いによる平和と幸せに向かうよう常に軌道修正をしていこう。

人間は自分が知る知らないに全く関わりなく、何時の間にか自分の嫌いな人の良い面を見ようとせずに悪いところだけを見て、その悪いところを嫌って相手が嫌がるような言動を行う。自分の嫌った相手が嫌がるような行為を自分の心の中では当たり前、当然の報いであるかのように自分の言動を正当化することから、相手も自分のことを悪者扱いするようになって、互いが互いを悪者と決定づけて互いの心の中に相手の悪いイメージ像を宿す。

それよりのちは、常に相手の悪いイメージ像が心の中に居座ることから、相手が自分に対してねぎらいやいたわりの価値ある言葉で「ご苦労様でした！　大変でしたね」と言ってくれた時に、自分の心に居座る相手の悪いイメージ像が即刻反応して、「何がご苦労様でしただよ！　馬鹿野郎が大変でしたねだって！　おちょくりやがって」と、目や顔、動作、態度で反発してしまう。それを相手をはじめ周囲の人々が見ているのも気付かないで、相手を悪く思う心が最優先していて、相手に対する悪い思い込みが心の中に充満して外に溢《あふ》れそうになっているために、自分の友人や知人に相手の欠点や弱点、駄目なところを悪口として言いふらすと共に、自分の正しさをアピールして回らなければどうにも収まらなくなってしまう。

でも、そうしたことが実は、自分自身の大切極まりない友人や知人に「私は実に悪い心を持っていて、相手の欠点や弱点、駄目なところだけを見て取って、さらにこのような考えで私は大変な思いにもかかわらず堂々と自分の浅はかな考えを貫き通して参ります」と言い広めて歩いたことになる。しかし、そのような大間違いをした自分に気付くこともなく、相手に対し大間違いの受け答えを当たり前のこととし続けていると、大切な友人や知人達の誰もが自分の言動の一切に不信感を感じてしまう。結果、信頼をなくし、友人知人は相手のことを気の毒に思うようになって、自分の味方は誰もいなくなってしまうことになる。

自分は相手を悪者にしたはずが相手の引き立て役に回り、自分の愚かさや悪い心を大切な人達にわざわざ自ら公表して回り知らしめたことになる。そして何時の日か、大嫌いな人と大喧嘩をして相手もろとも不幸のどん底へ墜ちていく。その時、大切極まりないと思い心から信頼していた友人、知人の全てが口を揃え、示し合わせたかのように一斉に「あの人ならばそれくらいのことをするであろう」と言って、自分の味方は誰もいないことになるようなことからは離れよう。

自ら自分を破滅に向かわせる自己中心的なものの見方、考え方から離れて、その真逆である相手中心による、相手も良くて自分も良くなる方法で、より多くの幸福になる種子を拾い集め自分の手で撒く（自分の愛嬌や笑顔、優しい心遣い）のが最も正しいし、いずれ大きな幸福に繋がってくることになる。

例えば、自分の口から直接相手を褒めるよりも、第三者に手伝ってもらい陰で褒めることのほうが効き目が大きくて相手の心に響くことになる。自分のたった一言が人の心を傷付けたり、自分のたった一言が人の心を温めることを心にとどめ置く。幸せ感じ上手で世渡り上手ならば、もう既に幸福の順風満帆、全てに円滑現象が生じ続ける方向に進んでいることになる。

私達人間が物の道理や人道から外れないで真に正しく生きるには、自分という者を正しく客観視して、只今の自分を第三者側の視点から冷静に把握する。そうした真に正しい観点から見なければ、自分が正しい本筋から外れた方向へ進んでいても、そのことに気付かないでいると、やがて正しい方向に戻ろうとしても、何処でどう間違えたのかも分からなくなってしまう。不幸や不都合というさまざまな困難な状況から抜け出せなくて人生の迷子になってしまうこととなる。そうならないためにも誰もが自分自身をもっと、もっと愛して、人をもっと、もっと愛し恋をして、身も心も喜ばせながら、心の器を良いもので満たしていく。誰にでも好かれるような好ましい感じを人に与え続け、自他共に幸福になるような美徳を積むには、誰に対しても正しくて美しいイメージ像を心の中に育てる。もしも、一つでも悪いイメージ像が心の中にあるならば即刻、良いイメージ像と入れ替えておかないと、自分が何時の間にか害毒を育ててしまうことになる。私達は自分の心の中を純粋で美しい、輝きを放つ素晴らしいイメージ像で満杯にして、悪いイメージ像の入り込む余地をなくす努力を怠らないようにしよう。

▼人は一人では生きられない▲

人は誰でも一人で生きることは出来ない身であり、父という身がなければ心、精神、魂という生命を受けることもなく、母という身がなければ肉体を受けることもなかったことになる。そして、父母の我が子を大切に思う心がなかったならば、今日只今のような立派な身と心が育つこともなかったことになる。

父は我が身と違う母を求め、母もまた我が身と違う父を求めて、互いに全く違う力を合わせ合って異質和合の道理に適った宝の身を生じさせた。全てが物の道理に従って生じたり滅する中で異質が和合し合って新しいものが発生することになる。例えば電流の働きにより、磁気作用や熱作用等もプラスとマイナスという異質が和合する原因と結果を通過して発生している。

日本の国産神話に、イザナギノミコト「汝《なんじ》が身はいかに成れる」、イザナミノミコト「吾が身は成り成りて成り合わざる処あり」、イザナギノミコト「吾が身は成り成りて成り余れる処一処あり、故、これこの吾が身の成り余れる処を以ちて、汝が身の成り合わざる処に刺し塞《ふさ》ぎて、国生み成さむと以為ふ」、イザナミノミコト「然《し》か善《よ》けむ」ということになって、みとのまぐわい（異質和合）によって自然現象から山川草木、万物万象は生まれたという話もある。

父も母も自分という身と心を生み育てるためにこの世にいて下さったことになる。父も母も自分という身と心を生じさせるために互いに求め合い恋をして、互いになくてはならない素晴らしい人となって、互いに異なった身と心を異質和合して父、母、子となる原因と条件を満たし、「父＋母＝自分」という父が半分母が半分混ざった父母の分身なる自分を生み育てて下さったことになる。そしてその親と子という因縁は、その子が生き続ける限り続き、誰も思うことも語ることもなくなるまで続くことになる。

父母の我が子を大切に、大切にする愛情がなかったならば自分という身と心が育って大きくなる原因や条件が備わることもなかったことになる。したがって、何事も父母の手によらぬものはなくて、育みの大恩愛と多くの人々の支えのお蔭という助力があった証が、自分の今日只今であると自覚するのが正しい生き方ということになる。

生まれたばかりのゆで卵の殻を剥《む》いたように弱々しい自分を母は「ソーッ」と大切に、大切に取り上げて優しい胸に抱き抱え、深い愛情から出る母乳を自分の口の中に入れて下さった。それからのちは四六時中（二十四時間）自分のことだけを心に置いて、お腹が空いたであろうと思えば乳という食べ物を口の中に入れて養って下さり、自分のお尻が屎尿で汚れたであろうと思えば母は汚いとも思わずに綺麗な物と取り替えて下さった。自分という者は、自分の身体を洗うことも服を着ることも母の手によらぬものはなく、母の手を借りなければコップ一杯の水さえ自分では飲むことも出来なかった。母は常に自分の目や顔の表情や動作、態度を見て下さり、自分が心地好く過ごせるように、暑くないように寒くないようにと健康の保全、推進を図ると共に病気予防に努めて下さり、その時、その場で思いつく限りの愛情を自分に注ぎ続けて下さった。

このように、天下に比べるものなど一つとしてないほど深い愛情と大恩愛が、今も自分に向けられていることに気付かなければ実に、実に勿体なさすぎて申し訳ない。そればかりでなく失礼極まりないことであると共に、自分にとって大きな損失であると知らなければ間違った人生となってしまうことになる。

今現在という時にあって、自分の父母よりも大きな肉体を持って何事も当たり前のように堂々と、自分一人で世の中を生き抜いてきたかのような振る舞いで生きているが、何時だって自分の父母の有難くて嬉しい愛情は止むことはなくて、たとえ、自分が何かをしでかそうとも、どんなに悪い子であろうとも、何処までも、何処までも父母は自分の味方である位置から絶対に離れることはなかった。自分の父母が本当に何処までも、何処までも自分の味方であってくれることに心を向けることもなく、父母に感謝の心も抱かないまま過ごしていると、必ずや親も不幸子も不幸と、等しく釣り合うようになって間違いが顕示されてくるのが物の道理と人道というものである。

もしも、そのようなことが生じていよいよどうにも困り果てたならば、自分の心を素直にして父母の前に跪《ひざまず》き、父母を心の拠り所として、心の底から縋《すが》るがよい。そうすると、父母よりも遥かに大きくなった自分に父母は情け深く両手を差し伸べ優しい、優しい顔と心で労ってくれるに違いない。父母の心の中に我が子の幼い頃の姿が鮮やかに浮かび、新鮮な、また懐かしくもある父母の純愛（我が子のためなら命を犠牲にしてもかまわない）がよみがえる。そうした心には一点の曇りもなく、そんな物凄い愛情が生き続ける限り自分に向けられることになる。

そして、父母は我が子の幸福を願い、我が子の幸福を喜びとし、我が子の不幸を悲しむことには限りがない。もしも、自分をそのように愛してくれた自分の父母が亡くなっているならば、墓前に跪き、父母が生きているかのように話し掛けて、父母を心の拠り所として心の底から縋るがよい。そして、「きっと、父さん母さんの喜んで下さるような良い子になります」と誓おう。それよりのちは誓い通りに何時でも何処ででも、どんな時もどんなことも、必ずや「自分の父母が喜んでくれるか否か」を考えたのちに行動し、「きっと、喜んでもらえる」との思いで進めたことは、必ず、必ず成功する確率が高いことは誰もが体験することであろう。

今、生きている私達は強い身と心をもってさまざまな悪いことを言ったり悪いことをしたりしながら生きている。しかし、いずれは誰よりも弱い身と心になって死んでゆく時が必ずや来る。その時になって、あんなことを言わなければよかったとか、あんなことをしなければよかったと思うことがないように正しく生きたいものである。それこそ、自分が年老いて人生最後の日に自分の人生を振り返ったならば実に短くて呆気ない幕切れであると感じるものである。

それを生まれ変わり死に変わりを繰り返してきた心の本体から見たならば、一人ひとりの人生は長い人でも息を吸って吐いた一呼吸ぐらいの間隔であり、短い人生ならば開けていた瞼を閉じるくらいの間隔でしかないように短いものである。だからこそ一日一日が大切であって、悪い言動を行っている暇などないことを自覚して生きるようにしよう。

自分の父母が亡くなってから、坊さんや神主さんにお願いして亡き父母の冥福（死後の幸福）を願って祈りを捧げるのは、とっても良いことであり、絶対になすべき作法でもある。だがどんなに亡き父母の冥福を祈っても、その父母の子である自分が悪い言動をし続けるならば、当然のことながら亡き父母の追善にはならない。そこにも物の道理や人道の働き掛けがあり、子が不幸ならば親も不幸という現実が厳然と立ちはだかり、間違いの言動が冥福を阻止する現象が生じることになる。冥福の「冥」とは死後の世界のことであり、「福」とは幸せや福を招くという意味を表し、成仏も仏になることであり、苦しみから解放されるような意味合いを持つことになる。それらは全ての束縛から解放されて「ほっとする」といったことである。

「ほっとする」とは、私達が大変な思いで何かをやり遂げた時に、やれやれこれで安心と「ほっとする」ことと同じように心の安らぐことである。つまり、自分が悪い子であり続けることによって、父母の我が子を「良くしたい、より良くする」という願いも、自分が父母を幸福にするという思いも全てなぎ倒し、親も不幸、子も不幸という悪い結果を招く。こうした因果応報の道理をよく悟り、悪業という悪い報いとしての苦しみを受けたり人に与えたりしないよう心掛けて正しく生きていこう。

世の中は人と人とが複雑に関係し合っていて、自分という身と心が生まれる前から死んだのちまで人と人との繋がりのない人生などはなく、自分が生まれる前から死んだのちまでも人と人との繋がりは続いていくことになる。それだけに他者とは大切極まりないものであり、自分が人に対しどのように接するかによって、自分の人生が良くも悪くも変化するようになっている。

私達の人生は人と人とが組み合わさりながら織りなされていく人対人の世であり、さまざまな「らしさ」を守りながら人と人とが互いに助け合い正しく生きていくようになっている。人対人の世ということは、人と人とが助け合わなければ、これまで言い伝えられてきた罰や罪的な間違いは、人対人によって生じた物の道理や人道から外れたトラブルや停止などの間違いを知らしめるものであり、間違いを止めさせて正しく「良くしたい、より良くする」ことの働き掛けである。

その働き掛けに従えばより良くなり、従うこともなければ「これでも気付かないか！　これでどうだ！」と言わんばかりに、徹底的に好戦的にどん底へと追い込みに掛かるような形で間違いを顕示してまで正しく導く働きをしてくる。物の道理や人道とはそのように実に有難いものであって、正しく従えば実に有難くて尊い存在であり、逆らえばそれこそ完全に終止符を打つ羽目に陥る存在であることを熟知して、上手に自他のために思いのままに役立たせて使えるようにしておこう。

私達人間が最も欲しいと思う学歴や肩書、地位や名誉、財産や教養等を全て身につけたとしても、段々と心がボロくブスになってしまうなら、それこそ何の価値もない人間のカスでしかない。世の中には学歴や肩書、地位や名誉、財産や教養等、人々が欲しがるようなものが一つもなくとも心根の優しい人はいくらでもいる。実に人当たりが良くて、気配りの行き届いた、それこそこの人といると楽しくて、ずーっとその人のそばにいたいと思うほどに素晴らしい人だっているものである。

人はたとえどんなに頭が良くて、容姿も良くて、仕事が出来たとしても、人に嫌われる要素があるならば、次第に人から遠ざけられる存在となる。人という神的存在が遠ざけるということは、当然のことながら幸福も離れていくことになる。そうなるのも人、人々、人様の世であり、物の道理と人道、原因と結果の世界である。

私達人間は常に真に正しく生きているか否か、自分を振り返る習慣や自分に足りないものは何かを思い起こしてみる必要がある。そうしないと、知らず気付かず、何時の間にか大間違いをしていながら気付くこともなく、自分を好いてくれる人が誰もいなくなってしまう。そうなると物の道理や人道からさまざまな間違いの顕示によるトラブルが発生しても、気付きづらく、やがて大変な状況が押し寄せてきてどうにもならない人生のどん底に押し流され、這い上がれない局面を迎えることだってある。

例えば、もしも、次のように最初から最後まで全て間違いだらけの人間だったならば、いったいどうなるかを考えてみよう。そうするそうなる人達は必ずと言ってもいいほど、相手の欠点や弱点を見て取るのも得意で、自分の正しさをアピールしながら相手を蹴落とすつもりでいるが、実は自ら墓穴を掘っていながら、そのことに気付けないものである。

例えば「ここだけの話」「これは内緒だけどね」「誰にも言わないで欲しいのだけどね」などと言いながら、人が絶対に知られたくないと思う秘密を公表して回るならば、それこそ誰にも止められない性格ブスである。人の秘密で絶対に知られたくないであろうことを話しながら、自分も同情せずにはいられないといった気持ちを巧みに装い続け、自分の話のネタにしまくる。その証拠に、目で薄ら笑いを浮かべている。

そのようにして、人の秘密や恥などを暴き出して自ら世間に知らしめて回るならば、そりゃあもう、物の道理や人道からいっても、大変な目に遭わせられなければ絶対に目覚めることはないだろう。目が笑っていると言ったが、目は正直で誤魔化しの利かないものである。自分が相手を嫌っているならば、相手に対して嫌々を重ねたような目で見たり、心の内奥にある感情が内から外へ滲み出て、顔や身ぶりに顕れ出て来る。どんなに隠したつもりでも目や顔の表情は正直なもので、影が形に随《したが》うが如しである。

したがって、目や顔の表情や仕種などから、その人の心の内を読み解くことが大切である。そして相手がどんな状況にあっても決して悪く思うことなく、相手の願いや希望などを叶えてあげたいと思う心を常に持つようにし続けていると、自然と優しい目や優しい顔立ちとなるから、自分の目は優しくキラキラと光り輝くようにしておこう。良いことは分かち合えば分かち合うほど輝きが増し、喜びは二倍にも何百倍にも大きくなり、些細な喜びも大きな喜びに繋げることだって簡単に出来てしまう。幸せ感じ上手や喜び感じ上手で、たとえ不幸の中でも、その中にある幸福を見出すことが大切である。相対概念上からも、不幸の中にも半分の幸福があることを常に思い起こすようにしよう。

私達は一人では生きられないのだから、自分達の生まれる前から始まっている助け合いを物の道理や人道、人類の進化にしっかりと合わせて正しく正道を進むことが肝要となる。国内外の人々が直接、あるいは間接的に繋がっているからこそ現代の生活が成り立っているのだ。そして、仲良く協力し合って助け合いながら正しく生きることによって人類みんなが上手に幸せに生きられるはずだが、そうする、そうなる人間の最も正しい生き方に対し、人間の進歩や進化に逆行するような不幸や不都合な状況が現存する。散々悲惨な出来事を見聞きしていてもまだ、まだ分からないのか、人と人との争いは絶えず、二十一世紀の現在も至る所で戦争があり多くの惨事が起きている。

互いに不幸を分け合って互いに苦い思いをしながら、さらに互いに不幸や恨み辛みを投げ掛け合うことを止めようとしない。まあ、まぁ、そうしたほうが良いからそうするとしか思えない双方ではあるが、物の道理や人道からは喧嘩両成敗で、仕掛けたほうも防戦するほうも全く同等であり、人間の世界だけが攻撃を仕掛けた側を悪いとするものである。互いに散々な事態になる結果を承知しているならば、辛くひどい目に遭い遭わされる前に、相手も良くてこちらも良い方法を互いに選択すればよいのだが、どちらの国も自国の言動だけを正当化することに一生懸命で、ののしり合って、やがて殺し合う。

これは個人でも同じであって、最初は互いに相手の自分にはない良さを見て取り、相手を好きになり、相手からも好かれたくて自分も相手に自分の良い面だけを出して見せる。やがて互いに好き対好きと釣り合って結婚し、後年、その真逆で相手に自分の悪いところを堂々とさらけ出して、相手をののしりながら自分の言い分だけを正当化して何とか勝ちたいとする。

そうではなくて、好き対好きが永遠に続くように、相手の良いところを引き出し合い互いに褒め合って、楽しく幸せに助け合って生きればよい。しかし多くは相手の悪いところだけを見て、ああしないから駄目、こうしないから駄目と、自分のことはさておき相手のことだけはことさらなじり続けながら、文句や小言の連発で相手を自分の意のままにしたいと思う。

人間は各個人一人ひとりが物の道理や人道を正しく学び、どうしたら人に好かれるか、自分なりに一つひとつ学び、自分の心をより正しく磨くことが最も肝要となる。

そうすれば、その美徳が必ずや自分や相手に大きな幸福と安心をもたらすようになっている。

私達人間は何百年も昔から我慢、辛抱を美徳とし、「我慢、辛抱の出来ない者は駄目だ」とさえ言われてきた。けれども実は我慢、辛抱が生じるような心になるのが既に大間違いであって、我慢や辛抱をしなければならないほどに不平、不満が起きてくるような、物事を正しく見られない見誤りや偏見を引き起こしてしまう損な心こそ正しく改めておくべきである。正しく改めるとは、「あんなふうに言われた」を「あんなふうに言っていただいた」とする。「あんなふうにされた」を「あんなふうにしていただいた」とすることであり、百八十度転回させる、真逆となすことである。

私達は相手のたった一言が気に入らないと、もうその時点で駄目だ、あの人は嫌いが始まる。そこから相手の欠点や弱点、あるいは悪い面にだけ目が向くようになってしまう。そうなるにつれて自分の心の中に相手の悪いイメージ像が居座るようになり、相手の欠点や弱点、悪いところを見るたびに悪いイメージが道理や人の道に外れた方向へ導く力を増していく。そしてやがて、相手の優しい言葉も愛情も全て嫌みや嫌がらせとなって、心の中には我慢、辛抱が解き放されることもなく、次から次にどんど

郵便はがき

料金受取人払郵便

新宿局承認

2524

差出有効期間
2025年3月
31日まで
（切手不要）

1608791

141

東京都新宿区新宿1－10－1
（株）文芸社
愛読者カード係 行

ふりがな お名前		明治 大正 昭和 平成 年生 歳	
ふりがな ご住所	□□□-□□□□		性別 男・女
お電話 番 号	（書籍ご注文の際に必要です）	ご職業	
E-mail			

ご購読雑誌（複数可）	ご購読新聞 新聞

最近読んでおもしろかった本や今後、とりあげてほしいテーマをお教えください。

ご自分の研究成果や経験、お考え等を出版してみたいというお気持ちはありますか。
ある　ない　内容・テーマ（　　　　）

現在完成した作品をお持ちですか。
ある　ない　ジャンル・原稿量（　　　　）

名				
買上店	都道府県	市区郡	書店名	書店
			ご購入日	年　月　日

書をどこでお知りになりましたか?

1.書店店頭　2.知人にすすめられて　3.インターネット(サイト名　)

4.DMハガキ　5.広告、記事を見て(新聞、雑誌名　)

の質問に関連して、ご購入の決め手となったのは?

1.タイトル　2.著者　3.内容　4.カバーデザイン　5.帯

その他ご自由にお書きください。

(　)

書についてのご意見、ご感想をお聞かせください。

内容について

カバー、タイトル、帯について

弊社Webサイトからもご意見、ご感想をお寄せいただけます。

協力ありがとうございました。

お寄せいただいたご意見、ご感想は新聞広告等で匿名にて使わせていただくことがあります。

お客様の個人情報は、小社からの連絡のみに使用します。社外に提供することは一切ありません。

ん積もって、怒りは押さえに押さえ込まれて大きな恨みのようになって、相手のことをとんでもない悪者と思い込むようになっていく。やがて我慢、辛抱は心の中で増大しすぎて相手に向かって大爆発を起こす。これを堪忍袋の緒が切れるともいうが、その時まで心の中にいるもう一人の凶暴な悪者が、絶対に出て来ないように抑え込んでおいたのになぜか、ついに怒りを爆発させて堪忍袋の緒は切られ、相手を散々な目に遭わせ、悪者が去って行った後には平常心の自分が大変な状況の中にポツンと置かれている。そのように相手も大変、自分は尚更大変とならないように我慢、辛抱の起こらないような正しいものの見方、考え方をしていこう。

真に正しいものの見方、考え方となると、物の道理や人道に正しく適っていて人の迷惑にならずに人に好かれる方法ということになるが、どんなに良いことを並べてみたところで当人が「ヨシ！」と、決心してやる気スイッチを入れない限り意味をなさない。だが知る機会がなければ常識だって身につけようがないことから、何事も知る機会が必要不可欠である。

人間が会得した笑顔というものは実に素晴らしい働きをするが、笑顔は使う人みんなを幸福に導く宝である。その宝を上手に使いこなす心が備わっていれば、自他共に幸福になるための条件を得ていることになる。人は笑顔なしでは明るい表情は作れないことから、真心のこもった優しい言葉にも笑顔を添えることによって、その素晴らしい真心が相手の心にも響き渡る。人を喜ばせたり自身を幸福にしてくれる笑顔や会話力を磨いておこう。

人を嫌っても人に嫌われても、人の道を外れたり助け合わないことによって、絶対に幸福になれない原因や条件は何時の間にか出来てしまうものだと知って、自分の周りのどんな人にも分け隔てなく接していこう。そして、自分のことよりも周りを大切にして、人の話に耳を向けるよう心掛けて、相手を立ててこそ自分があるという物道理や人道を常に心に置く。聞き上手になって、相手の話す話題を盛り上げるように心掛け、自分の知識を豊かにしていこう。何度も同じ話を聞かされても、自分にとって必要があってのことと思い、初めて聞くような心で聞く。聞き上手であれば、さらにその話の全てを隈なく、知らないことがないほど精通することになる。全ての場を学びと心得ることが肝要である。

例えば諸先輩からの話などで、「その話は聞きました」「そのことはよく知っています」と言ったがために、二度と教えていただけなかったり、爪弾きにされたりして、以後関係の修復が難しくなり不利益を被ることになる。たった一言が人の心を傷付けたり、たった一言が人の心を温めたりすることを重視して、価値ある労いやいたわりの言葉を上手に使いこなす人になろう。

言葉が重要な役割を担うことをよく知り、上手に使えば人の病んだ心を癒やす特効薬のような働きをしたり、辛い時の心の支えになったりするものである。同じように、笑顔も上手に使いこなすことによって言葉以上の優れた働きをすることから、もしも自分が人の上に立つ身であるならば、笑顔を絶やさず言葉や行いも慎むべきである。

人間誰もが自分を大切にしてもらいたいと願っていることを常に心に置いて、人と接する際には相手の願いや希望を叶えてあげたいと、相手の話題にしっかりと心を向けていると必ず、相手も良くて自分も良い方法が見えてくるものである。それが、相手にとって自分が絶対になくてはならぬ人間になれるきっかけを作ることになる。そのようなことを今日只今から死ぬまで続けたならば、それこそ楽しくて美しい人生が成り立つこととなる。正しくは相手を立ててこそ自分も立てるというのが物の道理や人道であり、人と口論したり人前で相手に恥をかかせることは、物の道理や人道の「良くしたい、より良くする」に対して真逆をなすことになる。

人は一人では生きられないということが物の道理や人道であることから、必ず物の道理や人道からの「良くしたい、より良くする」との働き掛けがあると知り、私達人間は何処までも何処までも物の道理や人道に対して従い、それに準じた言動をなすべきである。常に相手中心の関係であれば必ずや幸福に向かい、常に自己中心であれば必ず不幸に向かうように完成されていることを熟知しておこう。

もしも人と明るく接することが苦手で人と仲良くなれないならば、それはとっても勿体ないことで、ずいぶん損な生き方であることから、たった今から、今までとは違う自分作りを始めよう。今日只今まで、内気な性格でみんなとの会話に入りづらいとか、自分の意見がはっきり言いづらいとか、何となく人とのコミュニケーションが取れないことが大きな悩みだったに違いない。それはどんなに悩んでも解決なんかしないだろうが、道廣流では、そのように大変な苦労があればそれをかえって良かったことに仕向けるのである。つまり逆も真なり（逆転させても同じことが成立する）であることから、その大変な苦労や嫌な思いの上に立つことによって、それを決して無駄にしないように、今までの真逆を実行すれば必ずや成功するのも物の道理である。今までの真逆となれば簡単に出来て、とってもやりやすい方法である。

大切なことは笑顔や挨拶だけと思って、今までと逆のことをするだけで、次第に自分と他の人とのコミュニケーションが上手く取れるようになっていき、やがて相手や自分の心の扉が開いたかのように互いに笑顔が多くなってくるものである。そうなるためには、自分自身が人に好感を持ってもらう、好感を与えることが大切であり、その第一歩が笑顔と挨拶である。人と人は挨拶から全てが始まるものであり、そこに笑顔が添えられたならば、相手の心は開かれやすくなることから、今まで絶対に出さなかったであろう大きな声で挨拶をしてみよう。そして相手がこちらを振り向いた時に自分の顔が少しだけ微笑んでおればよいだけであって、何も難しくなんかない。それこそが相手も良くてこちらも良い方法であり、みんながやるべきことであるから、何の遠慮もなく堂々とやってのけるのが正しくて、物の道理や人道によく適っていることになる。でも、なかなか出来ないならば、誰もいない車の中や全く人の迷惑にならない所で大声で歌でも歌いながら笑顔になってみよう。

何でも最初から上手に出来る人なんかいなくて、みんな最初は自転車の乗り始めのようなもので、そのうち乗れるのが当たり前のようになっていくものである。諦めなければ何でも出来てしまうのも物の道理であることから、正しいことにはヤル気を出して、それこそ物の道理や人道を後ろ盾にして堂々と推し進めていこう。

私達が幸福に生きるためには物の道理や人道に対して最も正しくなければならず、人と人との助け合いには最も正しく参加していなければならず、さまざまな「らしさ」も最も正しく守った生き方でなければならず、といったものがあり、その中でも笑顔の素晴らしさや便利さには実に目を見張るような驚異的な力がある。

たとえどんなに大声で怒っても、その直後ニッコリと笑顔になると、その怒りは即打ち消されたかのようになり、相手に不快感を与えずに怒りの中身は相手に伝わることになる。例えば、自分の彼氏や彼女に「バーカ！」と言った時、自分の目や顔が笑っていたならば相手もニッコリとなるが、笑顔のない真顔ならば大変なことになる。

例えば「ワーッ」と驚かせても、目も顔も笑っていたならば大丈夫で、真顔ならばほっぺたに平手打ちを食らうこととなる。笑顔を上手に使いこなして開運と幸福を招くようにしよう。

約束を守ろう

世の中にはさまざまなルール、約束事がある。その約束事はあまりにも多すぎて実に奥深い。その一つひとつを知り尽くすことは絶対出来ないほどで、それらを人は規則・道理・法則と呼び、この世に存在する数限りない一切の物事はさまざまな約束事に従って動や静をなすように完成されている。そしてこの世に存在する数限りない一切の物事を引き起こす原因は、それにより生み出された結果と、必然的にその関係を離れられないようになっている。大宇宙の大生命体から微粒子に至るまでの一切は、規則・道理・法則という約束事に従って、原因による結果や条件の備わりをもって生じたり滅したりしている。当然のことながら、私達人間も知ることの出来ないほどの膨大な数の約束・原因・条件の備わりを受けて、生かされて死なせていただくように完成されている。

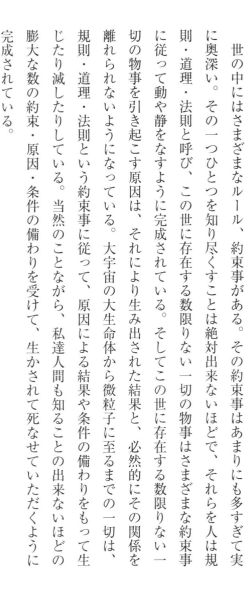

大宇宙の天体が規則正しく軌道上を運動し続けていてくれるお蔭で、毎日昼夜の巡りを受けている。そうした大自然のさまざまな恩恵から、私達が生まれる・生きる・死ぬの原因や条件を一つひとつを数えることなど絶対に不可能なほど、人知では知ることの出来ないほどの膨大な数の不思議、不可解な原因や条件の備わりを受けていることになる。

私達の肉体生命は大自然や父母のお蔭だけではなくて、それこそ大宇宙の大生命体から先祖や太古代から現代に至るまでの原因と結果の備わりのお蔭によって繋がった身と心である。そのように尊くて有難い身と心が生まれて生きる上では、当然のことのように生きるために必要なルールが存在していることになる。人間の作った船舶や航空機でも安全を図るように設けられたルールがあり、決まった航路から外れて進んだら大変である。船や航空機は常に正しく軌道修正を行って、正しい運行をしている。

人間生活においても法律や定めた約束事やルールがあり、法律やルールから外れると決まり通りの処罰を受けることとなる。しかし、人の決めた法律やルールなどは破っても誰にも知られなければ処罰を受けることはない。そこで悪賢い者は、犯罪の証拠を全く残さずにその場限りの見せかけで誤魔化し、一時《いっとき》の至福感に浸ることになる。そしてわずかなミスによって捕まると、ついてないとか運が悪いと思って反省などはしないものである。

犯罪に遭った者は犯罪行為を憎み、犯罪者を恨みに思って何らかの仕返しを企てるものである。不幸対不幸でしっかりとバランスが取れて、互いに不幸を分け合って生きることとなるのが人間の常であるから、犯罪に遭っただけでも大変なことなのに、仕返しをすることによってさらに大変が重ねられるのだから、犯罪は嫌っても人は嫌ってはならないということである。人はたとえどんな人間であっても、その人の親が大切に、大切に命懸けで育てたからには、きっとそれだけの価値があり、この世に必要不可欠であると見て取るのが正しい。

人は判断力や思慮分別や常識、良識という社会人としての健全な判断力を求められるが、愚かにも無知から馬鹿な言動を行うものである。そして過ちを犯してしまい、結果が出てから何とか良くしようともがき苦しみ、さらにどんどん深みにはまってしまうものである。そして、どうにもならなくなったどん底でやっと馬鹿は止むのだ。

国対国の戦争なども、互いの国が馬鹿な行為と損害を出し合って、大きな痛手を与えたり恨み辛みを受けたりの中で、さらに打ちのめし合って、どちらかがいよいよどうにもならないどん底になってやっと互いの馬鹿は止むようになっている。そうなるということは、助け合いの精神から外れて、互いに互いをうやまうという人間の心を失っているからである。幸せに楽しく生きられるはずの互いの国の多くの人々の人生を破壊し、残虐行為を行い、相手国の不幸を喜び自国の不幸を嘆き悲しむのだから、戦争とは自分勝手な人間の幼稚な心が浮き彫りになったものである。

幼稚な心であるが故に報復合戦などをして、不幸の上にさらに不幸を積み重ねてしまうのが人間の常であったが、今まではとこれからは違うのだというのが人間の進化である。これからの人間は、世の中が悪い、人が悪い、運が悪いとして、自分が悪いとは思うことも考えることもなく、困ったら神仏に祈って助けを求めるような無益な行為とはオサラバするべきである。誰もが物の道理や人道上から自分自身を正しく客観視して、真に正しい観点から自分を顧みて、自身が間違いを犯したならば即刻、その間違いに気付くべきである。間違いに気付けたならば、暗い所から明るい所が鮮明に見える時のように、自分が真に正しい観点に立って何をどうしたらよいかがはっきりと分かるようになってくる。人は自分の間違いに気付くところから解決への糸口を掴むものであるから、思いつく限り、気付く通りに間違いをなくしていく努力が必ず功を奏すようになっている。

人と人との約束もきちんと守り、法律もきちんと守り、税金もきちんと納めるようにしよう。税金を納めないで誤魔化してしまうような小さな心で何かをしようとしても、ほんの一時的な見せかけだけの幸福を得ても、そのうちに大変な後悔をすることになる。約束事を守らないで、目には見えない何かに縛られたような後ろめたさを感じながら生きるのではなくて、全ての約束事をきちんと守り、心を晴れやかにして過ごすほうが絶対に得策である。

約束というのは人に迷惑を掛けないために人間に課せられた取り決めである。自分に自身の家族の誰かが文句や小言を言った時、もう既に家族には嫌な思いをさせて大きな迷惑を掛けていることになる。それなのに悪かったと思い詫びるどころか、嫌な顔や言動をもって逆らい従うこともないなら、それは厄介者である。家族から文句や小言を言われることもなく、ああすればいいのに、こうすればいいのにと思われなくなって、仲良く助け合って生きなければ人は真の幸福にはなれないことから、分かりづらい気付きづらい約束事も守る必要がある。

私達が気付く気付かないに全く関わりなく、親は子を幸福にする、子は親を幸福にするという大きな約束事があり、その約束は「らしく」と共になっていることから、その約束を守ることが親と子の助け合いに課せられた責務である。

赤ちゃんは自分の身体に何らかの不都合があれば泣いて知らしめて、良くしてもらうと泣き止むが、放置しておくと火がついたように大泣きして「正しくしろ！」と大声で親を呼ぶ。だが放置しておいたなら、それこそ一生涯背負っても背負いきれないほどの、正しさに背いたその行為の結果が顕れ出て、困り果てる人も多いものである。

昔は今と違って、結婚した一家の長男であれば必ずと言ってよいほど嫁と姑と同じ家で生活をした。姑はいい嫁にしたい一心からだったのだろう。嫁に色々と教え込んでいくが、嫁が姑に馴染むのはなかなか難しい。嫁が気を利かせたつもりで台所やトイレの掃除をしておくと、それと気付かない姑が同じく台所やトイレの掃除を始める。それに気付いた嫁が、「私がたった今、掃除をしたばっかりなのに何が気に入らないのだろう」と横目でジーッと見て唇を引き締める。姑にとって、そんな嫁では可愛がりようもないが、そうした些細なことから大きな亀裂が生じたものである。掃除は何度でも、やればやるほど綺麗になるものだから結構なことなのだが。

姑が元気なうちは嫁が泣いて過ごし、やがて姑が弱る頃になると嫁が強くなって姑が泣いて過ごすというパターンが多かった。だが姑が最期を迎える頃になると、嫁が姑のオムツを替えたりするなど実によく姑の面倒を見て、姑は嫁に右手と左手を合わせて合掌して感謝しながら死んでいったものだ。

しかし現今では、衣食住と暮らし向きが豊かになり、助け合わなくとも互いに生きていけることから、家事や子育ても姑から教えてもらう機会も少ない。それこそ遠い親戚のような付き合いで、姑が病気になると病院か施設に預け、死ぬまでに一度だけ見舞に行く、といったケースもあるくらいである。

昔と現代を比べると人の心は貧しくなり、助け合いの精神から外れていることがよく分かる。昔は道端で倒れている人がいると、抱き起こして病院に連れて行ったり、病院が遠い場所では自宅に連れ帰って面倒を見たりしたものである。しかし現今では道端で倒れている人を見かけても、チラリと見て知っている人でなければ「サッサ」と通り過ぎ、面倒なことには関わり合いにならないようにしている。それこそ「助けて」と言われても、助けられないと思い込んでしまっているふうである。

何時の日か、自分が誰かに助けてもらいたいほど困ってしまっても、きっとみんな、チラリと一瞥するだけで通り過ぎてゆくのであろう。助け合わない世界って、何と寂しくて惨めなことであろうか！　私達人間の心の本体は平和と幸せを求めて助け合って生きるために一生懸命であるが、表面の人間は心の本体の願いも約束もないがしろにしながら悪い方向に突き進んでいて、間違いに気付かない状態で目前の幸福探しに一生懸命である。

物の道理や人道や秩序からほんのわずかしかずれていないから大丈夫と思うのは大間違いであり、何事も始まりは全て小さいが、やがて大事に至るのが物の道理であり世の習いでもある。

親が子を幸福にする願いや約束を立派に果たしたお蔭で、今日只今のこの瞬間立派な身と心があり、またこれからの人生もある。そんな中で親の大恩愛を思ったり、親のお蔭に感謝することもないまま過ごすなら、子が親を幸福にする願いや約束は果たされないだろう。そこに発生する物の道理や人道から間違いが顕示されると、不幸で不都合な状況となり、開いていた幸福のドアは閉まってしまうこととなる。

これは、道廣の体験が全てを指し示している。だからせめて（十分でないながら）自分に大恩愛を注ぎ続けてくれた恩に報いるために、「父母の良い子」として生きて、何かを始める時には必ず父母が喜んでくれるかどうかを考えてから行動すれば、必ずや成功して、父母も良くて自分も良い結果が出るように完成されているのも物の道理や人道である。物の道理や人道とは、間違いを知らしめて正しきに至らしめる働きや約束をきちんと守らせ、必ず幸福にするという目的のためにあることを熟知して、幸福と安心を自分のものとして正しく生きていこう。

▼失恋の意味を正しく知ろう▲

誰でも最初の失恋では、それこそ自分を支えていたつっかい棒が思いっ切り外されたかのようになり、なかなか立ち直ることが出来ないものである。だがそれで終わりではなくて、失恋したということは次の恋をする準備が整ったことでもあるから、失恋を忘れて、ただただ楽しげに過ごしながら人と人との助け合いに参加していると、必ずや次の恋愛相手が現れ出てくるようになっている。

そして、次から次へと失恋をしても段々立ち直りが早くなって、やがて多くの中からこの人ならばと思うほど優れた、人生を共に歩める伴侶と出会うことになる。過去の失恋は、その伴侶と互いの将来をより良くするために通過せねばならぬ出会いだったことになる。

例えば初恋の人と結婚して立派なお父さん（お母さん）になって、生まれた我が子を立派に自立させてよき人格者に育て上げられただろうか？　答えは、互いに幼い心対幼い心では絶対に出来ない。そのことについての理由や根拠は、自分自身の失恋を一つひとつ思い起こすことによって理解出来るだろう。

自分自身が失意の時に思ったことや、別れ方の一つひとつに同じ状態など全くなくて、それこそ一つひとつの失恋には確実に成長や進化が見られるのである。それこそが優れたよりよきお父さん（お母さん）になるための段階を踏んでいた証である。なのに、たった一度の失恋で打ちのめされるならば、打ちのめしてもらってかえって良かったことになる。

この世は人と人との助け合いに始まり、人と人の縁や交わりが人を支えて、自分も支えられて生かされて生きる場所である。ということは、何処までもみんなで正しく助け合う目的を持っていることから、人も自分も幸福に生き長らえる知恵や努力をしなければならない。その中心に生きる自分の知恵や努力が少なくて、目の前に現れた初恋の相手に託した夢や希望が叶わなかったことで、すっかり気分が落ち込んで何もかも失ったかのような気分でいる。それでは恥ずかしくてみっともない。

しかし、人に対して恥ずかしいもみっともないも、自分が気に留めないで人様の迷惑にならなければ、まぁ、まぁ、そんなこともありでよいだろう。大切なことは、なかなか立ち直ることが出来なくて、すっかり傷付いて、どうせ俺なんか（私なんか）と卑屈になってしまうこと。そして悪いのは全て相手のせいだとして、何の罪も非もない善良な相手にしつこい嫌がらせなどすると、それこそ人様という神的存在に悪い影響を与えてしまう。そんな原因を作ってしまった自分であるから、いずれ自分がなした結果は、必ずやその正否が顕示されることとなる。

人は人と人との助け合いに外れる、あるいは「らしく」から外れると、物の道理や人道、原因と結果から間違いの顕示として、次第にトラブルや難儀、面倒が刻々と迫ることとなる。そうなると実に大変な苦労を招くが、真に正しい言動を行っていれば、物の道理や人道、原因と結果に自分の夢や希望は叶えられるようになっている。私達は何事においても絶対に正しくなければ許されない世界に生かされていて、常に一つひとつの言動が物の道理や人道、原因と結果を通過する際には真に正しいか否かが照らし出されている。仕分けルールに従わされるという仕組にしっかりと見守られていることを重視して、正しく生きるように仕向けられていることにも気付き、物の道理や人道、原因と結果の神々と人様という神々も良くて自分も良くなれば、良い対良いの完成が成し遂げられて、私達も幸福の身となれる。

したがって、失恋したり何かで失敗したら、そのたびに正しく大きく成長しているということだから、人や社会に貢献する知恵や知識を得るためだったと思えば、自分のためを損なうものなど一つもないことになる。失恋であろうが失敗であろうが、過ぎた過ちも間違いも全て、あの時はあれだけの損失でよかったと完全なるプラス思考や前向きな考え方で良き教訓とする。そうすれば、必ずやかえって良かったと思うようになる。決して、駄目な思いを引きずらない習慣を身につけて生きていけば、失恋したり何かで失敗したことも意味を持つ。自分自身が大きく飛躍して正しく生きる糧ともなり、積極的思考を用いて物事の良い面だけに目や心を向けるようになって、現象を正しく変える思考法が得られる。

失恋の意味も分かり、どう生きるべきかも分かったけれども、間もなく良いお父さん、お母さんになる時が必ず来て、子育てだってしなければならない。子育ての勉強もみんな独学であり、過去のように経験豊富なお爺ちゃんやお婆ちゃんの素晴らしい教えを受けられない環境では、立派な子育て環境とは大きく掛け離れている。間違いに気付くこともなく、大変な状況になってしまい、いよいよどうにもならなくなって、やっと事の重大さに気付くことが多いものである。

あるお母さんは子供が二歳になる頃に、よその子供は笑ったり飛び跳ねて遊ぶのに自分の子供は笑うこともなくただ無表情で何もしないのを見て、これはおかしいと思った。そのお母さんが道廣と話すことになり、道廣も聞いてビックリだったが、彼女は子が生まれる前、お腹の子に話し掛けたり音楽を聴かせたりする胎教を知らなかった。そして子が生まれてからは、ほとんどの時間をミルクを与えたりオムツの交換をするだけで、子供に何かを教えたり話し掛けたりしないで過ごしてきたという。犬や猫を育てている人でも話し掛けるのに、何も喋らないお母さんが育てた子が笑ったり飛び跳ねて遊んでいるとしたら、そのほうがおかしいことになる。まあ、特別な人もいるにはいるが、世の中にはビックリ仰天の人がいても不思議はないか。

子供が二歳くらいになれば色々なことに興味や関心を持つようになり、何でも自分でやりたがり、さらに色んなことにチャレンジすることによって何でも吸収し覚える。素晴らしい好奇心のかたまりで、何でも楽しんでいる。

まだまだ不器用だから、コップに入った水などすぐにひっくり返してしまう。それを見た少し幼いお母さんが、突然鬼のように恐ろしい顔つきになって「ホラ、ホラ何をやってるの！」と大声で叫び、平手打ちまで飛ばす。怖さと痛さで大声で泣き叫ぶ子供。自身の幼さを自覚していないお母さんは、ウップン晴らしで子をぶち、泣き声を聞いても自身の過ちに気付かない。

そんなお母さんが味噌汁をひっくり返したとする。コップの水を倒した時よりも大変であるが、鬼のような恐ろしい顔なんかしないで、真面目な顔をして黙って当たり前のように拭き取って終わり。知らんぷりのそんなお母さんを「ジーッ」と静かに見ている幼児。大きくなったらきっと、そんなお母さんのようになるに違いない。その点、気の利いた優れたお母さんならば、「ホラ、ホラ」ではなくて小さな声で「あらっ」と言って、幼児の手を取って台拭きを持たせソーッと拭き取る。その顔は笑顔で、子の行為を楽しんでいるかのように感じられる、見るに美しい姿である。その子は大きくなったらきっと、お母さんのようになるに違いない。本当に良い子を育てたかったら、その子が赤ちゃんの時から物の道理と人道に正しく従って、さまざまな約束を守らせることから始めるべきであろう。

世の中には育児放棄する親もあり、突然「お父さんとお母さんは別れるの！　あんたはどっちに付く？」と聞く母親。子供はどんなお父さんでもお母さんでも大好きなはずで、どちらとも別れたくないに決まっているのに、その子に対する愛情は何処へ追いやったものやら、子供の心を理解しようとする心もない。離婚する事態を招くまで冷めた関係になった二人が物の道理や人道に外れ、助け合いの気持ちを忘れた幸福など何処にもないのに、勘違いと馬鹿から何とか今より幸せになりたいというのだから、実に困ったさん達である。

きっと、きっとお互いに良いところがあったのに、良いところの引き出し合いっこを止めて、互いに悪いところを出し合って見せ合ったのだろう。幸福も安心も家族もみんな、みんな捨てた幸せなんか何処にもないのが物の道理であるが、似た者夫婦の当人達はもっと良い世界があると信じて疑わないのである。

大人足らず——大人の域に至らないとは大変な人のことであって、幼い子供に「お父さんとお母さんとどっちが好き？」と尋ねたりする。当然のことながら子供はお父さんもお母さんも大好きだから「どっちも好き」と言う。この時に「お母さんのほうが好き」と言ってくれたら、母親はそれこそ満面の笑みで天にも昇る気持ちであろう。だがそうなれないことから、さらに「どっちかに決めなければいけないとしたら、どっち？」と尋ねる。この時にもしも「お父さんのほうが好き」と言ったならば、「あっ、そう！　だったらお母さんはいらないよね」と睨み付けて、どうしても「お母さんが好き」と言わせたい母親。このような最悪のブスお母さんだって、いないとその子は苦労することになる。

世の中にはさまざまな子育て論があり、探せば実に優れた多くの育児書も多いことから、色々な本を読みまくってみても、自分が上手に使いこなすには至らないと思う。もしもそうならば、子育て成功老人の「幸福と安心」に直結する種を受け取ると、やがて花が咲き実がなるにちがいない。種を蒔く道廣による物の道理や人道によく適っている実話を交えることにより、体験して結果まで論じられることは長く生き長らえたことが功を奏すことになるを参照いただきたい。

自分の子供が何かをやらかしたり、何かに失敗して大変な時こそ、親が最も試されている時である。普段はさほど立派な親でなくともよかろうが、「サア！　困った！」その時に親がどう出るかが勝負となり、それによってその子の人生が動く一瞬であると思った道廣は心の在り方の準備を整えた。

まずは、どんな状況であっても親が腹を立てて怒ったりする前に、我が子がそうしないでおられなかった心を理解することがいの一番である。怒らないためには、褒めるべきを褒める。褒めるということはその子の良い面を見ることであるから、褒められると明るい気持ちになれる。我が子のなしたことについてもしも、善悪の判断がつかないならば、真によく理解してくれるまで教えてあげよう。世の中の物の道理（こうすればこうなる仕組等）を教えてあげよう。

悪いことをしてしまったり失敗したことを気にしすぎているならば、慰めておだやかな心にしてあげようと決心して、子供には必ず褒める・教える・諭す・宥《なだ》めるの四つを取り込んだ教育をしようと心に刻んだものである。そのようにするべきと思うには、他の教えを受容出来ない思いがそうさせたのであり、自分流として納得がいくかいかないかであったことになる。

子育ては飴と鞭を上手に使うことであるのに対して、昔の牛や馬を人間のために上手に酷使する時のその場の誤魔化しみたいなものかな？　子供が悪いことをしでかしたならば、二度と同じようなことをしないように叱る。「駄目だろう！」と。子供が「ハイ、ハイ」と聞いてくれるうちはよかろうが、逆らうようになると必ず言い負かして屈服させなければ収まりがつかない、ということは間違いであり物の道理に外れる。

親達は子供が何かをしでかしたならば、その時、その場で、その子の置かれた立場や事情を知ろうともせずに、何もかも無視して、最初から最後まで子供が悪い間違っていると思い込んで、子供の言い分を聞こうとしないのは大間違いの教育になると思っていた。

子供に文句や小言を言うのも、親の子供に対する不平不満や親のウップン晴らしであって、そんなものが子供の教育に役立つことはないばかりか、大切極まりない子供に親が抑えていた怒りを投げ掛け発散しているならば、子供だって何時の日にか親に対して反抗する日が来るのが当たり前と思うべきである。子供のことで腹を立てて怒るような心で、怒りやウップン晴らしのほうが先立ち、ただただ親の圧力が凄いだけでは何の役にも立たないことだろう。

そんなことよりも、親が子供の良いところを見ようと心掛けているだけで、悪いところを見るよりも腹の立つことが少なくなる。子供の良いところを発見したならば即、親が嬉しいという気持ちになって笑顔を浮かべて少し大袈裟でも子供を褒めるようにしよう。そうすることによって、親も嬉しく子供も嬉しくなって、あんな少しの良いことでお父さん（お母さん）はあんなにも喜んでくれるのだと子供が気付くことによって、子供は次から次へと良いことをして親を喜ばせたいと思う。それこそ親も良くて子供も良いが発生して、互いに良い対良いでバランスが取れていくのも物の道理や人道である。

このように何事も物の道理や人道に当てはめたお蔭で、道廣の家族や人生相談も成功したのだから感謝している。登校拒否、いじめ、家庭内暴力、非行問題、さまざまな大変なことは全て、物の道理や人道によりなっていて、解決するというのを全人類が知って、みんなで正しく生きるのが最も望ましいことであり、全てはみんなのものである。それを道廣が使いこなして実証して、正しさを証明したことから、是非ともご活用願いたいものである。

何事も物の道理や人道に当てはめて解決していこう。昔から現今まで子育てにはさまざまな教訓が語られるが、厳しく育てなければ駄目な子になると考える人は多い。幼少（〇歳から四歳）から厳しい鍛錬をほどこす厳格な教育が良いとか、純真な心を失わないうちに鍛えないと大きくなってから教育しても効果が上がらないという考え方だ。厳格な教育を行い、思いついたり気付くたびに、あれをしたら駄目これをしては駄目と、堅苦しい囲いを作り続け、少しでもその囲いからはみ出そうものなら、ひどい目に遭わせる家族だっている。

そうした教育を受けた子供は何処の誰よりも正しく間違いの少ない立派な子供に成長してくれて、親としては実に申し分のない良い子となる。しかし何時の日か、その厳しい束縛の囲いを打ち破る日はやって来る。どんなに素晴らしくて立派でも、その子の意思を無視して無理にさせたのだから、束縛され窮屈な思いを続けた囲いなど蹴破って外に飛び出してくるものだ。その時から家庭内暴力や非行に走り、親を困らせて、親の犯した間違いを世間にさらすようになる。

その時に親は我が子には厳しく正しい教育をしたという思い込みから、「うちの子がまさか、うちの子に限って」と理解に苦しむが、正しくは親の間違いが家庭内暴力や非行という形となって物の道理や人道から指し示されたものである。こうした時、子供が悪いと思わず親が親として正しい生き方をすることによってのみ、子供には何も言わずとも即、解決するのも物の道理と人道である。だが真相は、親が悪いのが半分、子が悪いのが半分でバランス良く成り立っているもので、辻褄もドンピシャリと合うのが物の道理と人道である。

それと知って、子が「な～んだ！　親が悪いんだ！」と思って、悪いのは全部親のせいにして責任を逃れいい気になって何処までも悪くなった場合は、その子が親になった時に「お前はこのようにして親を困らせたではないか」という形で、子供から親の悪い行いを顕示されることだってある。

間違いが次から次へ引き継がれないようにしなければ、歴史を繰り返すことだってある。ただただ親自身が自身の悪いところに気付いてその悪いところを完全になくすようにするなら、子供には何も言わず何をせずとも、その子が悪い状態を親に見せて知らしめる必要がなくなるのも物の道理と人道である。


世の中には強い者が弱い者をいじめるという問題があって、未だに完全なる解決方法がないかのような状態にある。道廣が解決したのは只今より三十年も前であり、現今のようにパソコンやスマホなどが普及しない頃であった。現今に当てはめるのは難しい状態ではあろうが、共通点はあることから、かいつまんで解決のための論理的思考法を書き添えてみよう。

いじめの場合は、いじめるほうが百パーセントいじめられるほうが百パーセント善であるという考え方ではなくて、いじめるほうもいじめられるほうも全く等しく悪いと見て取るのが物の道理である。物の道理においては何事もそれとなりうる遠因、根因という起きる起因を通過しなければならず、無から有は生じようがなくて、奇跡もなく矛盾もなく、何事も辻褄がドンピシャリと合うように完成されていることから、いじめる側もいじめられる側も全く同等の善と悪が隠されている物事などを発見することによってのみ完全解決されるよう完成されている。

いじめられやすい人というのは、自己主張を苦手とするところが目立つことから、何処へ行っても大人になってもいじめられる原因を備えているものだ。だったら、少しでも早くいじめられる原因をなくせば、いじめられることのない人になれるのも物の道理である。そうすれば、いじめる人にはいじめる対象がなくなる。いじめられる人がいなくなれば、当然のことながらいじめる者もいなくなるわけで、いじめが消滅するのも物の道理である。いじめられるほうといじめるほうのどちらか片方がいないならば、もう一方も存在しようがないという相対バランスを用いることにしよう。

例えば、いじめに遭う人のほとんどは精神的に弱くて、自分の意思表示が出来ない、毅然とした態度が取れない、責任感がない、物事を決断するのに時間がかかりすぎる、小さなことでくよくよするなどの傾向が見られる。他にも探せばいくらでも出て来るだろうが、それに加えていじめる人を見る目や顔、態度が、いじめる人を嫌がり嫌いという態度があからさまである。いじめる側は普通の人が多く、みんなよりも大きく正しく「良くしたい、より良くする」気持ちを持って迫ることから、そんないじめる人の強い精神性と等しく釣り合ってしまえばいじめられることはなくなるわけだ。いじめられるのが嫌ならば、はっきりと「嫌だからいじめないで。仲良くして下さい」と頼めばいいのだ。それで殴られるならば、喜んで殴ってもらうくらいの度胸を据えれば、やがて世界中の誰とでも仲良く過ごせる器量が備わってくるものだと思って、小さなことにくよくよしない鈍感さを身につけて堂々と生きていこう。

道廣も幼い頃は散々いじめられたが、やがて、絶対にいじめられなくなった。もしも今いじめられるならばそれはもう、喜んでその人に弟子入りして師匠と仰ぎ従うであろう。どんな難問題にでも堂々と立ち向かって前に進むのが正しい。正しければ必ず勝つ！　強く逞しい心になろう。いじめられるような弱々しい心ならば、自分自ら強く逞しくなることを行えばいじめは必ず消滅させられる。困った時は物の道理や人道の観点から客観視して間違い探しをして、正しくなる努力をすれば、物の道理や人道によく適った解決方法に必ず出会えるようになっているから、物の道理や人道を味方にして正しく生きていこう。

道廣の次男が三年保育の夏休みに、同じくらいの年の女の子のお母さんが怒鳴り込んでこられた。

「娘のパンツに砂を入れられて、娘が泣きながら帰ってきた」

「いやいやそうですか」

道廣もすっかり驚いて、そりゃあもうひれ伏して、そのお母さんに申し上げた。

「もう二度と同じようなことがないように、しっかり言い聞かせてから息子を連れて娘さんにお詫びをさせて下さい」

しばらくしてから次男が帰宅したが、何時もと何ら変わらない様子だった。

「何時も身体が弱くて元気ないけど、今日はとっても元気が良くて、女の娘をやっつけたって聞いて、お父さんは嬉しくてねえ。だから今日はニコニコしているんだよ！」

「いけないんだ！」

「何がいけないものか、明日もその女の娘をやっつけて強くなって欲しいよ」

「自分よりも弱い人をいじめたらいけないんだ」

「そうなの？　よく知っていますねえ。だったら、もう今日のようなことをして泣かせるのは止めようね」

「ウン！　絶対にしない」

「本当はね、○○子ちゃんのお母さんが○○子のパンツに砂を入れられて泣きながら帰ってきたと、凄く怒って来られたのだよ。だから今から君の大好きな○○子ちゃんの所に行って、ご免なさい！　もう絶対にしないから仲良くして下さいと言って、○○子ちゃんと遊んでこようよ」

「…………」

「大丈夫だよ。お父さんが○○子ちゃんのお母さんに話してからだから、○○子ちゃんのお母さんも喜んでくれるよ。行けば○○子ちゃんとも○○ちゃんのお母さんとも仲良くなれるけど、行かないでいると、もう遊んでもらえなくなるし、お母さんもずーっと怒ったままではみんながかわいそうになるから、行ってこようね」

それ以後、何のトラブルもなかった。次は小六の時のことである。

「お父さん、今まで野球をやってきたけど、中学では柔道をやりたくて、今、どうするべきか迷っていてなかなか決心がつかない。お父さん、俺はどうするべきだろうか」

「そうか、全ては自分のことであり、やるのは自分だから、迷ったら迷うほど、どちらも良い方向に行ける道ということではないのかな。大いに悩んだ結果選んだものが一番良いことにしよう。どちらの良さも知れば知るほど迷うならば、逆に悪い面だけを紙に書いてみると、勝り劣りが分かるのかも知れないね」

そのようなことがあったくらいである。

長男が三十歳くらいの頃、二人で酒を飲んでいた時に長男が言った。

「お父さん、一度は聞いてみたかったのだけど、お父さんは俺が何をしでかしても一度も怒らなかったのはなぜ？」

「怒って欲しかったの？」

「そんなことはないけど、何でか意味を知りたくて」

「ああ、そうか！　ウン、知っておいたほうがよいかもね。あなたもお父さんをやっているしね」

「是非！」

「怒ることよりも、その時、その場でそうしないではおれなかったその子の心を理解しようと思ったら、怒る必要はないね。悪いことをした自覚がないならば教えなければならないが、十分反省して困っていることが分かってて、それに追い打ちをかけるわけにいかなかっただけのことだ」

「良き理解者ですね」

そんなことも過ぎし過去のこととなり、今現在、長男も孫がいる爺さんになり、道廣は曾祖父さんとなった。爺さんから曾祖父が聞かされた話であるが、

「息子が、俺は幼い時からお小遣いをもらったら全部、親に取り上げられたけど、あれはどうなったのだろう」

と孫から問われたという。

「ああ、あれはなぁ、みんな君の血や肉となってこんなに立派になった」

孫の結婚式の前日、彼に通帳と印鑑を渡したのだという。道廣曾祖父はその金額を聞いて、立派なお父さんお母さんをやってることに感心し、感謝したものである。

人は何回失恋してもいいいし、若い時には間違った体験をしてもいい。そんなこともしてみなければ世の中は分からないもので、色々なことで打ちのめされてこそ人は他者の精神的な苦痛も分かる人となれる。真の悲しみが分からない人が真の喜びに満ち溢れることもないと思えたならば、思いっ切り全力で正しいの真逆もやってみよう。

しかも中途半端でいい加減なことではなくて、徹底的にとことんまでやれば、駄目なことも分かるが、多くは中途半端で止めてしまうから、真の駄目さが分からないというのが物の道理と人道である。

恋の花を咲かせよう

恋愛中の人や新婚さん達の目はキラキラと輝き、顔の色艶も良くて実に美しく、丁度よく熟《う》れた、食べ頃のメロンが芳《かぐわ》しい匂いを放つかのようである。そうなるということは、自分のことよりも相手のことを大切に思う心が育ち、相手の欠点や弱点でさえあばたもえくぼで良く見えるようになるものだ。心は喜びや嬉しさで満ち足りて、肉体の内奥から歓喜が溢れ出る感じである。それが、心が喜べば肉体も喜ぶという心身相互作用ということになる。

反対に「俺は駄目だ！」「私は駄目！」と思い込んで、全く異性を好きになれず、他の生き物達を好きになることもなく、郷土愛もなく、愛国心もなしで生きたならば、いったいどうなっていくであろうか。正しいの真逆の原因は正しいの真逆の結果となり、それこそ目つきが悪くなり、顔も愁い顔となって誰も寄り付かなくなってしまい、自らを駄目な境遇にはめ込んでその通りの駄目人間になってしまう。

　恋愛中の人や新婚さん達は相手の良いところだけを見て、自身も相手に自分の良いところだけを見せるように努力し合う。実に素晴らしい互いの心を育みながら、好き対好きになる段階に互いに高め合って、互いが絶対になくてはならない存在にまでなる。やがて、正しくて素晴らしい状況になり、努力しただけの十分な結果が実を結んで宝の子を授かることとなり、立派な家庭が完成する。

　だが多くのカップルは、この辺りから互いに会いたい、見たい、離れたくないという状況が次第に薄らいでいって、自分の思い通りにならない相手に気付いて不満を感じたりする。そこから恋愛中や新婚当時とは真逆の方向に進むようになり、何の魅力もない人間を作り合うようになっていく。相手の悪いところだけを見て、自分の悪いところを堂々と相手の前にさらけ出して平気でいる。そして何時の日か、堪り兼ねて「このようにしてよ」と迫ると、相手も全く同じように堪り兼ねていて「そちらこそ」と返されて、ののしり合いにまで発展したりして、好き対好きだったはずが嫌い対嫌いが完成することだってある。もしも、本当に嫌い対嫌いになってしまったならば、相手だけが悪くて自分が正しいと思う心が育ってしまっていないか確かめてみよう。

まず、真新しい紙に相手の悪いところを思いつく限り書いてみよう。書き終わったならば、自分にもその書いた事柄と似たようなところはないか一つひとつチェックしていく。すると、自分にも似たようなところがビックリするほど出て来ることになる。そう分かったならば、その紙は誰にも見られないように処分して、次には真新しいノートに相手の良いところを一日一個だけでも発見して書くことにしよう。一日一個でも三ヶ月から五ヶ月も書き続ければ、必ずや相手の素晴らしさを思い出し、再び相手を好きになることも多いものである。

私達は愛し合っているから、愛さえあれば必ず幸福になれるよねと誓い合って結婚をする。人は愛があっても相手をののしることはあるが、愛はなくとも尊敬する人をののしることは絶対にないから、愛の上には「敬」を載せて、うやまって大切にするという「敬愛」が最も望ましいことになる。恋愛中や新婚当時には相手をうやまう心があるから互いに上手くいくが、会いたい、見たいと思う心が薄れる頃には相手をうやまう心は何処かに追いやられて、相手を蔑む心が中心となって、さまざまな不幸や不都合を招くようになる。

たとえ、どのような相手であっても自分達が互いに愛を育み互いに心の絆をしっかりと強く深く結んで、宝の子を授けられたならば、親らしく我が子が立派に自立していけるように、よき人格者になるための手助けをする責務がある。なのに、互いにあっち向いてホイではどうにもならない。互いが同じ方向を向いて、助け合いに参加しやすい簡単な楽しい方法を見出し実行していこう。難しいと実行しないが、超簡単で自分も楽しく楽《らく》に出来る方法ならば、相手と共に末永く上手く実行していけるだろう。これは道廣が半世紀も実行し続けてみて最高点に値すると確信したお勧めであり、道廣一生涯の宝だと思っている。

これが最も簡単にして偉大な働きをする「互いの良いところの引き出し合いっこ」である。これをもって結婚をしたならば破局を迎えることもなく、それこそ互いの尊敬度は上昇を続け、互いを天下第一の人物と認め合って、互いに希望通り望み通りの人となる。

この「相手の良いところを引き出す」ことによって、相手も良くて自分も良い方法だけを選択し続ければ解決しない問題はなくなるから、自分だけ良くなる方法とはオサラバして互いに助け合うのがよい。つまり、相手と自分が一つの「らしさ」に属するならば、相手を先に押し上げてから相手に引き上げていただく方法こそが理に適う（理屈や物の道理に合っている）。これを上手に活用して自分の名声を世に残したのが山内一豊の妻、千代の内助の功物語であろう。

道廣が世の人々に人間とはこのようなものだから、このようにすればきっと良くなりますと解き明かしてみても、そんなこともあるかも知れないなぁで通り過ぎていく人もいる。たとえどんなに正しくとも、その正しいところがそのまま相手に通じないならば、その正しいは逆に間違いとして受け取られてしまっていることもある。人様とは自分の思うようにするべきものでもなく、思うようになるものでもないことをよーく知り尽くしていないと大間違いをしてしまう。それに一つも気付かないで過ごす場合があることも知っておくべきである。人は心の底から求めていることは受け入れやすいが、その他は不必要としてしまう癖がある。

道廣は三十年前に表向きは人様のために、裏では道廣の言動が真に正しいか否かの実証が目的で、人生相談を六年半行ってみた。当然のことながら人のためどころか自分のためが主であったことから、料金は取らないというよりも取れないで、相手の名前も聞く必要もないので聞いていない。その中で最も難しいと思ったことは、道廣の言うことを信じさせることの難しさ、信じさせても実行させることの難しさ、実行して成功したら道廣にとっては当たり前でも、本人は喜びすぎて奇跡としてしまう。奇跡ではなくて本人の努力が最も正しいから成功しただけのことだ、とよく説明したものだ。道廣の意見に従わせる難しさ、一人ひとりやらなければ真の正しさに到達しない難しさを今も思い出す。だが、物の道理という天の理法は全く知られていないことから、正しい理論が大切だと筋道を正しく組み立ててから、さらには最も正しい考えや想いを言葉や行動に移していかなければ、相手の心に響くことはないと思った。しかしそれは直接的ではなく、実に遠回りでわずらわしいことであった。

例えば、りんごやみかんの味を教えるのは難しいが、黙って本人の前に置いて食べさせてみれば、もう既に本人が味を理解し終えている。そうだ！　そのことと全く同じようなことを今ここに道廣はやってのけるという目標を立て、それに向けて進み、そして達成を望みとしている。そのためにはどうしても真に正しい実証がなければ人々は何もしないで、道廣は何の役にも立たぬままに終わる。終わらせてならぬ天の理法を実証を踏まえてさらに解き明かす。

相手が悪くて自分が正しいと思う心に対して、互いに全く等しくなる天の理法を教え、自己の間違いに気付くことによってのみ解決の方向へ進む天の理法を教える。天の理法側からものの見方、考え方に従う最も正しい方法こそが成功に直結しやすくなっていることを本人が理解し切った時だけ本人の実行はなされる。それがなされるたびに成功か不成功かが指し示されるのであるが、その中には奇跡も矛盾の存在もないと思って、正しい原因だけをなし続けることが肝要となる。現実にはどのようなことの中味であったかを知ってもらい、天の理法を使う方法や活かし方を自分達のために思いのままに十分に役立たせながら使ってもらいたいと願う。使い方は、道廣のやり方は、ただただ道廣のその時、その場の流れがそうであったにすぎないだけのことで、ただ物の道理や人道に適って正しい状態でありさえすれば必ず成功へ導けるという実証である。

例証　1　結婚二年半

「結婚をして二年半になります。夫の浮気相手と大喧嘩になり、夫に思い切り叩かれました。それ以来、夫は女性と一緒に生活をしていますが、私の所には一度も戻りません。子供もいるのに勝手なことばっかりして、腹が立ってなりません」

「ご主人に浮気をされて浮気相手と喧嘩をなさって、ご主人に叩かれるとは、貴女が実に悪い妻である証拠ではありませんか？」

「私が悪いですって！　浮気をしたのは私ではなくて夫ですよ！　それに私の大切な顔をゲンコツで思いっ切り叩いたのも夫ですよ！　それなのに、何で私が悪い妻ですか！　私は何も悪くない！」

「怒らない、怒らない。怒るとせっかくの美人が台無しではありませんか」

「怒らずにおられませんよ！　実家の父も母もみんな夫が悪いと言ってくれて、弁護士さんも夫が悪いのだから、慰謝料も養育費もきちんと取れるようにするとおっしゃったのですよ」

「そうですか、では離婚ですね。離婚しなければどんなに優れた弁護士さんでも養育費は取れません。もう決定ならば人並の幸福も捨てたことになります。そのようにする、そのようになるのも貴女であり、逆にみんなで幸福になる方法を選択なさるのも貴女以外の何者でもないと言えましょうが、相手が悪者で、自分が正しいだけでは幸福にはなれませんねえ」

「それが……」と、しばらく沈黙が続いてから、

「私は夫が詫びてくれればやり直したい気持ちもあって、まだ別れないほうがいいかなと思ったりして、本当はどうしていいのか分からなくなってしまっているのです」

「ですよね。だけど、というのがありましてね、只今は貴女が良い条件を作り出さなければご主人との仲は修復出来ないようになってしまっています。貴女が迷っていて、どうしたらよいか分からないでは何も出来ないです。貴女が離婚に踏み切るか、修復に踏み出すかの決定によって運命が『ドン』と変わりますが、どちらかに決定なさいませ」

（中略）

「では、貴女の幸福に向かって進みましょう。でも、貴女ご自身が悪い妻、間違った妻の生活をしていたから、不幸や不都合が積み重なり間違いが指し示されたのです。そのことにしっかりと気付かなければ、何処までも間違いが続いてしまいます。不幸、不都合の上にさらに大変なことを盛ったり付け加えたような現象が生じてきますので、何がどう間違っているかを、私が物の道理や人道側になり代わってお話しいたしましょう」

「ハイ」

「では、性についてのお話でございますが、とっても大切だから心を楽にして聞いて下さいね。性とは分かりやすく説明すると丁度、はさみのようなものだから頭の中ではさみを思い浮かべて下さい。どんなに双方の刃がよく切れても、その真ん中にある留め金がガタガタユルユルであれば、物を上手に切ることは出来ません。はさみの留金のガタガタがはさみとしての重要な役割をなせないように、性のガタガタも夫婦としての重要な役割をなさせなくしてしまうのです」

「ハイ」

「夫婦にとって性の交わりは単なる性交ではなくて心の交流であり、心の深い結び付きを作るものでありますので、夫婦のどちらかがこばめば、拒絶（嫌だと言って受け付けない）されたほうは大きな寂しさと虚しさを感じて、浮気心が発生しやすくなってしまいます」

「ハイ」

「もしも、ご主人に浮気相手がいてくれなかったならば、ご主人は酒に酔ってウップンを晴らすか、それが出来なければさまざまなストレスから病気になったかも知れません。でも、浮気相手が貴女よりも優しい目や笑顔でご主人の辛く寂しい心を和ませて貴女の代わりをしていて下さったのです。そのお蔭でご主人は身も心も健康で、不平不満の心で過ごすことからまぬがれたのですから有難いことでした。そのように考えると浮気相手に腹が立つどころか、むしろ感謝する心さえ出て来ることになります。貴女が真にご主人の良き妻であるならば、貴女の優しい心が優しい目を作り、優しい笑顔を作り、ご主人に浮気心など起こさせません。貴女が真に良妻賢母（良き妻であり賢い母）でないことによって、ご主人の浮気相手という神仏のような存在の彼女が貴女の大切極まりないご主人を取り上げて、ご主人を大切にしていてくれる。真に、真に正しくは貴女の大切極まりないご主人は浮気相手が大切にするのではなくて、貴女が大切にするべきではないかと思うのですが、貴女はどうなさいますか」

「ハイ、妻として母として間違っていました。教えられるたびに自分の胸にグサリ、グサリと突き刺さる思いで、とっても辛い思いがしました」

「そうです！　もう少し進みます。今までの貴女はとってもよくない心でしたので、貴女を真に正しく良い妻となり母となるためにご主人や浮気相手が貴女の間違いや悪いところを指し示してくれたと思うのです。辛い苦しみを貴女の最も正しい心の力で、全てがかえって良かったのだとの思いにしていけば、今回の不幸や不都合の一切が貴女の味方に転換され、貴女の今後の人生も運命も幸福と安心の世界へと進むことになりますので、もう少しだけ自分の悪いところを自覚してから、最も正しい方法を実行しましょう。貴女がなそうとしたことについて、貴女は正しく知るべきです。そして、正しくなるしかないと実感してこそ、真に正しいことが実行出来るようになるのです」

「ハイ」

「貴女は、ご主人から大切極まりない貴女という人を取り上げた上に、大切極まりない子供を取り上げようとしていました。さらに慰謝料、養育費をご主人から剥ぎ取る。これらは法律を後ろ盾に、ご両親を巻き込んで弁護士の力で何もかも奪い取る計画を企てていたということです。それほどのことをして、自分だけ善人ヅラして生きようとしても、物の道理や人道は決して許しませんよ！　そうなると、不幸や不都合の中で苦労と共に生きる結果になります」

「ハイ……どうかお助け下さい」

「大丈夫です！　助かる方法は教えて差し上げますが、やるのは貴女ご自身であり、やらなくて困るのも貴女ご自身ですが、実行なさいますか？」

「ハイ、絶対に実行するしかありません」

「そうですね。貴女の自分が正しくて相手が悪いを跳ね返されて、自分の悪さを解き明かされ始めた頃、次第に私を受け入れて自分が悪いから夫が悪くなったと気付かされ、涙がボロボロと流れて止まらなかった。あれが貴女の心の浄化でありまして、涙で洗い清められた貴女の今の心は実に清く澄み渡った青空のようです。その素晴らしい貴女にご自分を幸福にする方法をお教えしますので、一つひとつ確実に実行なさって、あの不幸な出来事があったからこそ、只今のこの幸福があるという日を迎えて下さい」

「ハイ、必ず……」

「では、ゆっくりと進めますので一つも漏れなくメモして下さい。

☆常にご主人様の良い妻であることを心掛けます。

☆自分の身も心もご主人様に捧げ尽くします。

☆どんなこともどんな時も自分というものを脱ぎ捨ててひたすらご主人様が喜んで下さることだけを選択して、何処までも、何処までも尽くします。

☆たとえ、ご主人様が何をしでかしても、私がご主人様の味方であることを実行します。

☆ご主人様にとって私がなくてはならない存在となることを目的に頑張ります。

☆私の優しい心による優しい目、優しい笑顔を添えた価値ある言葉がご主人様の心を常に和ませておだやかにするように努力します」

「先生！　この全て、私のやらなかったり出来なかったことばかりです」

「その通りです！　やらなかったり出来なかったから不幸を見たならば、その真逆こそが正しいのではありませんか！　簡単でしょう」

「ア、ハイ……」

「実行すれば、やがて貴女中心の家族が完成しますから、やるしかありません。次にやるべきことは、ご主人を貴女の所へ戻す方法であります。今日から毎朝、毎晩同じような時間にご主人がおいでになるであろう方向に向かって、ご主人を思い浮かべて両手を合わせて合掌した姿勢で、ご自分の悪かったと思われる言動をお詫びして下さい。そして次には、最も優れた、何処までも何処までも優しい笑顔でご主人のためにひたすら尽くすご自分の姿を思い浮かべて、きっとこのような素晴らしい妻になりますとお誓いなさって下さい。その次には、家族全員で楽しく嬉しく過ごしている姿を心に描き続けて、楽しいとか嬉しく感じたならば、『有難うございます』とお礼を申し上げて祈りを終えて下さい」

「分かりました」

それから一週間が過ぎた午前中、電話があった。

「先生、今日で丁度一週間。先生の教えて下さったようにしていますが、夫は戻ってきてくれません」

「そうですか、それでよいのです。私を疑うようでは帰ってきませんよ！　それとね、貴女が本当に真に正しく素晴らしい良妻賢母になる決心が出来たならば、ご主人が貴女に辛い思いをさせて改心させる必要はないのです。ご主人が帰りたくなる心の進化や帰りたくなる条件を貴女が作り、迎える心が出来たならば帰らないではおられません。貴女のご主人は貴女のものだから、貴女の所にいて貴女が何処のどなたよりも大切になさって、素晴らしいお父さんになっていただき、その素晴らしいお父さんを支える器量の備わった優しさ世界一、賢さも世界一の妻は、諦めた途端に貴女のものではない！」

「ハイ！　済みません。もっと、先生の教えを守ります」

その日の夜のこと。

「先生！　夫が戻ってきてくれました！　私が夫に自分のことを詫びたら、逆に夫が私に詫びてくれて、もう凄く嬉しくて、先生のことも全部話しました」

との電話連絡あり、成功。

例証　2　登校拒否

「この娘《こ》は学校に行く頃になると、頭が痛いとか腹が痛いと嘘ばっかり言って、学校にも行かず本当に困っています」

「貴女の娘さんはお母さんを幸福にする目的や、お母さんを正しく良い母にする目的を持って生まれてきてくれていますので、お母さんに間違いがあれば、さまざまな形をもって間違いを見せて知らしめてくれます。貴女の血肉を分けた貴女の分身なる貴女のよき指導者が貴女を困らせるのは、そこには深い理由があるのが物の道理であります。何の意味もなく無意味に、あるいは無駄に学校に行かないで大切なお母さんを困らせる必要なんか絶対にないのも物の道理であります。そのようになっている物の道理に当てはめてみると、貴女は親らしさ、母らしさ、妻らしさというあらゆる『らしさ』を欠いておられます。

それとねえ、貴女がご主人中心でおられた頃はとっても幸せでありました。娘さんが赤ちゃんの頃に、娘さん中心でおられた頃はとっても幸せでありました。でも何時の日からか相手中心から自己中心となって、幸せから不幸や不都合へと転換されてしまいました。今は登校拒否という間違いを見せて知らしめていますが、それでも母が正しくて娘が悪いとお母さんが思い続けていると、やがて非行に走ります。それでも母が正しくて娘が悪いとお母さんが思い続けていると、娘さんはもっと大変なことをしでかしてお母さんを困らせてでも、お母さんの間違いを指し示さなければなりません。それは娘さんが大人になるまで続くようになりますが、たった今、その間違いに気付いてお母さんが最も正しい妻になり母になるをもってすれば、娘さんが登校拒否なんかしてお母さんの悪いところを指し示す必要なんかないのです。只今から娘さんと話をさせていただきますので、私と娘さんをよーく観察して下さいね」

で、娘さんとの会話。

「あなたのお名前は？」

「みきこ」

「ああ、いい名前だねえ！　みきこって、漢字だとどんなふうに書くのか教えてェ」

「美喜子と書くの」

「やっぱりねェー、これは凄い！　こんなに素晴らしい良い名前を付けてくれた人は凄く立派な良い人なんだろうなァー」

「あんまり遊んでくんないし、すぐに怒るの」

「そうかなあァ。でもさァ、美喜ちゃんがお父さんに何か良いことをしてあげた時などは凄く嬉しそうないい顔で褒めてくれるでしょう」

「ウン、それはね」

「出ましたァー、美喜ちゃんの今の笑顔はとっても素敵で素晴らしかったよ！　もうねぇ、何度も見たくなるくらい美人だったよ。やっぱり美喜ちゃんは笑顔美人なんだなァ！」

ここで美喜ちゃんはニッコリと微笑んで本当に嬉しそうであった。

「私は美喜ちゃんが笑顔美人で、とってもいい娘だとはっきりと分かります。いい娘だから毎朝、学校に行かなければいけないと思うんだよね」

「ウン！」と、真剣な眼差しで大きくうなずく。

「だけど、何となく学校に行きたくない、そのうちに頭が痛くなったり腹が痛くなったりして、どうしても学校に行けなくなってしまうんだよね」

「ウン！　そうだよ！」

「そして毎朝、頭が痛い日も腹が痛い日も、十時が近い頃になるとすっかり治って、もう、どうもないものねぇ」

「ウン！」と答えるが、おじさん知ってるんだ……という感じ。

「美喜ちゃん有難うございました。また後でお話をしましょうね。ハイ、約束」

と言って、美喜ちゃんの右手を両手で外側からおおったまま、お母さんに話し掛けて手を離した。

「お母さん！　お聞きの通りでありまして、貴女の素晴らしい美喜ちゃんの頭が痛いも腹が痛いも決して嘘ではありません！　お分かりになりましたでしょう？」

「ハイ」

ここで、大人でも全く同じように朝になると頭痛や腹痛が起こり、全く起きることさえ出来なくなる人もいて、九時か十時になると嘘のように治ったという話をして、その人には心の痛みや悩みを解消する方法を教えて上げたら解決しました、と細かく説明してから、

「貴女の素晴らしい美喜ちゃんはとってもいい娘ですから、毎朝、学校に行かなければいけないと思うのです。だけど、何となく学校に行きたくない気分になってしまいます。そうなると、学校に行きたい心と行きたくない心とが顕れて心の葛藤が生じます。学校に行くか行かないか悩みに悩み、苦しくなるほどに迷う状態が続いて、それが心に大きな負担となって、心が病み頭痛や腹痛となって内から外に間違いが指し示されます。そして、やがてみんなが学校に行き着いて勉強が始まる頃になると、美喜ちゃんの心は『ああ、今日も学校に行かずに済んだ！　もう、お母さんも何も言わない』と思ったことで急に安らいだおだやかな心になる。心が平常心になるにつれて、

頭痛や腹痛などで間違いを指し示す必要がなくなることになります。ご理解願えましたでしょうか？」

「分かります！　そうだったのですか……、知りませんでした」

「今日只今までの貴女はご主人や美喜ちゃんの悪いところに目を向けて、悪いところを発見するたびに口やかましく文句や小言を言って、何とか良くなってもらいたいと責め立てたりしましたが、全く何の効果もないどころか、反発されて段々悪くなっていったはずです。本当にその通りであるならば、そうすることが間違いである証拠です。間違いは即、止めて正しくすればよいだけですが、自分の間違いに気付かないでいると間違いはどんどん大きく成長して、やがて登校拒否、非行に走り、家庭内暴力へと親を困らせて、親の間違いを顕示して親を正しく改めさせたいとします。それでも親が間違いに気付けないでいると、もう何が原因か、どうして不幸や不都合ばかり顕れ出るのか全く分からなくなってしまいます」

「ハイ……」

「貴女が幸せだった恋愛当時や新婚当時、ご主人の悪いところを見て文句や小言を言ったでしょうか？　美喜ちゃんが生まれて、立ったり、歩けた時に悪いところを見て文句や小言を言ったでしょうか？」

「いいえ、良いところだけを見て喜んで褒めました」

「そうです！　貴女はそこに立ち返るべきです！　ご主人や美喜ちゃんの良いところを発見しては嬉しくて褒めずにおられなかった、幸せな世界に戻って下さい。美喜ちゃんはお母さんのことは神様よりも仏様よりも信じて大好きです。そんなに大好きなお母さんに本当のことを言っても、嘘ばっかり言うと言われて全く信じてもらえなくて、嫌っているかのように文句や小言を言われののしられたならば、その言葉を乗り越えるほど大きな心なんか美喜ちゃんにはありません。そのお母さんの態度は失敗です。失敗したならば、その失敗を止めて正しくしなければ成功しないのが物の道理です。美喜ちゃんが立てば喜び、歩けば転びはしないかと優しい手を添えて、転べば風よりも速く飛んでいって抱きかかえた頃は成功続きで、お母さんも美喜ちゃんも実に幸せでした。そうした頃の延長でいいのです。

良いところを発見したならすかさず褒めるのです！　褒めるということは相手の良

いところを見ている証であり、自分も相手も心地好く過ごすことがとっても大切です。お子さんを褒める時は少しだけ大袈裟に褒めてあげて下さい。お母さんはこんな少しだけ良いことをしただけでも、こんなにもあんなにも喜んでくれるのだと思わせることが出来たならば、次から次へと良いことをし続けて、お母さんにもっと、もっと褒めてもらいたいとします。そうなった時こそが成功で、一つの目的を成し遂げたことになります」

この直後、お母さんは号泣しながら美喜ちゃんに「ご免ね」を連発しながら詫びて、美喜ちゃんも大粒の涙を落としながら共に抱き合ったのでした。

「お母さんがあれだけ泣いてお詫びをしたならば、今までの間違いによる全ての失敗はことごとく涙で洗い清められたことになり、浄化されました。しかも、美喜ちゃんもあんなに泣いてくれたということは、許し合えて完全に悪いものは拭い去られたことになります」

そして美喜ちゃんに向かって言った。

「美喜ちゃんのお母さんはとってもいいお母さんだね。美喜ちゃんのためにあんなにいっぱい、いっぱい泣いてくれたものね。好き、好き、大好きないいお母さんだものね」

「ウン」

「お母さんも美喜ちゃんが好きで、美喜ちゃんがいないと生きておられないくらい大好きなんだよ。そうですよね、お母さん！」

この時、母と娘は目と目で語り合っているかのようにニッコリと微笑み合った。それは親と娘にしか出来ない美しい光景であった。

「ところで、美喜ちゃんは自分の一番好きな素敵な顔って知っていますか？」

「分かんない」

「そうなのぉー。知らないのならば、すぐそこに鏡があるから色々な顔をして一番好きな顔を発見してみて下さいよ」

しばらくして美喜ちゃんが、「こんなの」と嬉しそうな笑顔で立っていた。

「やっぱりねぇー、美喜ちゃんのその笑顔が最高に美しくて、格好が良くて似合うんだよなァー、お母さん！」

この時お母さんも美しい笑顔で深くうなずきながら、優しそうな嬉しそうな目をしていた。

「それはもう、きっと、美喜ちゃんのお友達もみんな美喜ちゃんの一番いい顔を大好きになると思うよ。今日はその一番いい顔を大発見出来て、とっても嬉しいね」

美喜ちゃんが満面の笑みを見せてくれた。

「美喜ちゃんは今日まで学校をお休みしていたけれども、明日からは美喜ちゃんの宝である一番いい顔で学校に行って、みんなに好かれて、大好きなお母さんが喜んでくれるようないい娘になるもんね」

「ウン」

「ああ、いい娘だ！　もうお母さんに怒られることもなくて、頭や腹が痛い日もなくて、お母さんもお父さんも美喜ちゃんのすることを喜んでくれるから、嬉しいことがいっぱいあって楽しくなるねぇ」

次の日の朝、美喜ちゃんはニコニコしながら学校に行き、美喜ちゃんの所にみんなが集まってきて楽しかったとのことであった。学校の先生が明るくなった美喜ちゃんをみんなの前で褒めて下さったのもよくて、登校拒否とはオサラバ出来ましたとの連絡ありで成功。

道廣の本心からの言葉として、人の人生も自分の人生もどうすべきか分からない状態に陥って完全に行き詰まったならば、物の道理や人道に正しく当てはめて考えてみる。その次に自分を外側から客観視しながら、自分自身が正しいか否かよーく考えることが大切である。真に、真に正しい観点に立つことによってのみ真の正しい道筋が鮮明に見えてきて、解けなかった数学の問題のように気持ち良く解けてくるものである。もしも、解けないならば即刻、物の道理や人道を学ぶことを真っ先にすると素早い処置に繋がる。

世の中のことも人のことも自分のことも物の道理や人道に照らし合わせて間違いのないように正しく、正しくしていくことによって、必ずより良く正しく成り成らされていき、それこそ追い風の都合の良い状況や助けとなるようになっている。そのようにしてもまだ、まだ不足に思うならば、物の道理や人道にずーっとどっぷりと浸しておけば、やがて、梅や漬物のように身体中に見事に染み込んで、世の多くの人々からの人望が高まり中心的存在となるものである。

物の道理や人道は、人間の常識とは違うこともよく知っていなければ真に正しいを離れることから、事例を一つでも多く取り出しておくと何かの時には即、ためになるものである。

例えば、人が運命や人生を共にしたいと思い結婚をしたならば、その時に「らしさ」というものが発生していて、その「らしさ」が双方に新しく発生するまで物の道理や人道からは解き放たれないようになっている。そのように完成されているのに離婚をしたならば、人間社会や常識、法律上や肉体的にも双方共に無関係となる。しかし、物の道理や人道上から発生した「らしさ」は心が離れ身が離れようとも何ら変わらない。したがって「らしく」や「互いに助け合う」という条件を失うことによって不幸、不都合をまぬがれることはなく、相手が不幸であるならば自分も等しく不幸であるということになる。

ましてや離婚相手の不幸を願うような行為を行ったならば、形こそ違え同等の不幸を受けることになるように完成されている。そうなることを知っていたなら、相手も良くてこちらも良い方法を選択し続けることによって幸福になれるのも物の道理と人道ということになる。物の道理も人道も「らしく」や「助け合う」ということを守らせて、「良くしたい、より良くする」働き掛けを正しく守らなければ、それこそ大変なことになることを知っていれば、自分がどんなに幸福になる努力をしても離婚前の夫（妻）の影響で絶対に幸福になれない現象を回避出来ることになる。夫婦となった時から「らしさ」「助け合い」は自分や相手が生き続ける限り、双方の記憶が消えるまで続くように完成されていることから、安易な気持ちで離婚はしないほうが絶対に得策である。結婚した人と物の道理や人道の力を用いて幸福になる努力をすることこそが大切極まりないことであると知っておこう。

人とは思うようにならないものであり、また、他を思うようにするべきものでもない。人の心を変えることは実に難しいが、自分の心は「ヨシ！」と決心してヤル気スイッチを入れたら、もうその時から自分の心は変えられる。ものの見方、考え方を変えることによって、世の中や人が変わってしまったようになるのは不思議なことである。あのように言われたがあのように言っていただいたに、あのようにされたがあのようにしていただいたに転換出来たならば、憎み嫌った人が大恩人となってしまうなど、実に目を見張るほどに素晴らしいことである。自分の心の在り方がいかに大切であるかということであり、自分の心の在り方がしっかりと試されているのだから、上手くいかない時は必ず何かが間違っている証拠だとして即、物の道理や人道に従うようにしていこう。

▼二種類の愛について▲

私達人間には二通りの愛が存在していて、そのことが知られていないことによって、実は仲良く助け合って生きるべき人達が仲良く出来ない、総じて辛く悲しい情況が生じたままになり、互いの親子関係や夫婦間の仲が険悪化している話を聞いて、そこに二種類の愛の説明によって人対人の意気投合が容易となったり、互いのわだかまりや誤解などから即解放されたりした体験等があったりして、意外と簡単に自他がどちら側の愛の持ち主かを知ることも出来て、互いを互いに理解するためにはなくてはならない宝の知識であるといえよう。

ではどんなことに使われて役に立ったかの紹介をしよう。

☆私の父はこのようであったが、母はこうで、どう理解しようとしても、母のそうするのを許せなくて、あの時もこの時も、だから実の母なのに親孝行どころか母が大嫌いで親不孝な私……。
☆私が妻にあの時あのようにしたにもかかわらず、妻はこのような対応しかせず、そんなことを思うとこれから先が案じられて共に生きる気がしません……。
☆私、これこれこのように一生懸命なのに、夫は私のこんな時にはこのようにして欲しいのに何もせずに放置した夫を私は絶対に許せません……。
このような時、二つの愛の存在を解き明かすことによって、双方の愛のもたらす影響力から自分とは違う愛の本質がわだかまりや誤解を招くことがわかるにつれて、許されぬものが許され、大嫌いでさえも大好きへと変化した実証から申し上げると、二つの愛の片方だけに振り回されてまどわされていては大切極まりない人生が勿体無い。知りなさい、使いなさい、みんなあなた方のためにある。

では二つの愛とは――。
まずは愛も相対でなければならないことから双方があるのが物の道理となる。片方の愛は相手が困ったり、相手が大変な状況に陥《おちい》るとかわいそうで何処までも面倒をみないでおれなくて、我が身を犠牲にしてまでもただひたすら相手のためになることをするが、もう片方の愛は相手が困ったり、相手が大変な状況に陥ると、それは、それは相手がかわいそう過ぎて、とってもも見ることもそばにいることだって出来ない程に辛い思いにかられて、その場から立ち去って、その全てを打ち消して絶対に悲惨な現状などは認めたくない。

どちらの愛もその人の基礎土台であって、その愛のそれぞれの善し悪しはまったく等しいのが物の道理ではあるが、かわいそう過ぎると見て取る愛の方は物凄い愛情が人間の無知によって偏見や見誤り誤解を招くことが多かったのは誰でも理解出来ることから、理解してさしあげよう。

虫が知らせる

道廣が二十一歳の時のことである。友人宅に泊まることになった夜十一時半頃、突然自宅に帰りたい気持ちに襲われた。それこそ高い所に登って下を見下ろすと「ゾーッ」として、その場にいたくない状態になるのとよく似た現象が起こり、心臓はドキドキ足もガタガタと震えだして、身体中の生きもの達が騒ぎだして、とてもその場におれないほどの胸騒ぎがした。

自宅に帰って玄関の扉を開けた途端にガスの臭いに襲われたことから、大声で父親を呼びながら台所のドアを開け、広げ終わる頃に奥の部屋から父親が「夜中に何をやっているか！」と言いながら起きてきた。「ああ、お父さん生きていたか！　ガスが！」と言いながら外にあるプロパンガスの元栓を閉めに飛び出していった。

父親の話によると、ガスの元栓を閉め忘れて寝てしまって、猫がガスコンロのコックを足で蹴飛ばして通ったか、何かのはずみでコックが開いてしまったのではなかろうかということになった。もしも、あの時に「道廣、即、帰れ！」という信号の知らせがなかったならば、父親はガス中毒で死んでいたか、夜明け前にたばこを吸う習慣があったから、火を点けた瞬間ガス爆発して家もろとも吹き飛んだことであろう。間違いなく道廣は父親を危機一髪で助けたことになるが、このようなことを昔から胸騒ぎがする、あるいは虫が知らせると言うけれども、これは父親の肉体に宿っていたあらゆる生きもの達が道廣の肉体内の生きもの達に働き掛けを行い父親を助けさせたことになる。

このような特別であるかのような体験のお蔭もあり、それよりのちは、人の偶発的危機を知らしめる予感は当たり前のように思っているから「サッ」と従うことにしているが、それで良い結果だけが出ているけれども、もしも、キャッチ出来なかったならば怖いとさえ思うほどで有難く思っている。

私達の潜在意識というものは水面に突き出ている氷のようなもので、表面は他と切り離されているかのように見えるが、実は水面下ではみんな繋がっている意識ということになる。さらに例えるならば、一本一本の竹が地面の中では繫がっているようなもので、私達の意識はみんな繫がっている。例えば、噂をしたら本人がすぐに現れる場合などは、本人の心が既に到着していたようなものである。

道廣の場合、電話のベルが鳴る前に電話に出るから不思議だと言われたりしたけれども、ほとんどの場合は電話が来るのが分かるのではなくて、こちらから電話しようとしている時に相手がボタンを押すだけのことであった。それだけではなくてもっと、もっと多くの体験から見ても、鎖《くさり》のように、あるいは網の目のようにみんな繫がっている。本当は繫がっていると言うよりも、そのまんま相手すなわち自分であるが、みんな、みんな自分だけが大切だから自分しか分からない。たとえ人がどんなに苦しくて大変な思いをしていても、そんなことよりも自分の虫歯の痛みのほうが大切に決まっているようなものではなかろうか。正しくは人の痛みも分かるような、相手の身になり代わって考えたり出来る人ということになる。さまざまな大変を乗り越えてこそ人の痛みが分かるようになるものであることから、人間には人並の苦労が必要不可欠ということにもなる。人生にはさまざまな出来事があって当たり前ではあるが、大変な苦労も虫の知らせも必ず必要があってのことと受け取って、物の道理や人道に従った得策を上手に選択するように心掛けていこう。

どんな時もどんなことも物の道理や人道に合わせて、只今の自分に上手に上書き（新しいものに更新、前の状態を改める）をして、常に自分を高い境地に到達するよう正しく生きていこう。

みんなのお蔭

人生も終わりに近くなってくると、我が人生も長いと思えば長くて、短いと思えば短かったなと思う。自分の考え方や思いからであろうが、誰もがそれぞれの人生をそれなりに過ごしてきたわけで、人に歴史ありということになるが、まあこんな人間もいたのだということにしておこう。

道廣は長い年月を亡き父母と音信不通のままに過ごすことによって不幸、不都合の連続の時もあり、自分の次男に特に大変な苦しみを与えてしまったという歴史がある。

次男出生時に病院の医師に対し、「今日で三日三晩、大変な陣痛ですから、夫婦共に望みますから是非、切開して下さい。異常があるから生まれないのでは、本当に大変な状態で切開したら遅いのではないでしょうか」というようなことを何度も申し入れたが、医師は「下から生まれるほどいいのですから、心音も聞いているし、絶対に大丈夫です！　お任せ下さい」と繰り返し言うだけでどうにもならなかった。やがて心音に異常が出てから四十五分間もの長い時間が過ぎて、やっと手術室へ連れて行かれ、「手術は無事に成功しました」との知らせをいただき次男と対面した。

次の日に医師に呼ばれて、「実は、お子さんはヘソの緒がからんでいて難産でして、切開をした時には沢山の羊水を飲み込んでおられまして今、保育器の中で足から栄養分を送り、かろうじて生きてられる状態です。時々呼吸が停止しますので一時《いっとき》もそばを離れることが出来ません！　ショックを与え続けているのが現状であり、呼吸が二分以上停止すると脳に酸素が行きません。そうなると脳障害が起こりますので、ここ二、三日が峠と思って下さい。もし、三日生きられたならば一週間と思って下さい。少しでも早く名前を付けて小児科扱いにするとお金の支払いも楽になります」と説明された。説明の後、文字を読む暇もないほど急かされて次々と書類にサインをした。

「これで病院側は完璧だな」と思ったが、病院側のすることは一つもよく思わなくて、あんなに、あんなにお願いしたのに何にもならなかったし、いいようにあしらわれて悪いのは病院側なのに、としか思い浮かばなかった。それなのに言いなりになるしかなくて、最後には金のことまで言い出してきたな、と思うくらいの低級な考えしか思い浮かばない、実に心の幼い道廣がいた。

心音に異常が出てからの四十五分という時の流れはあまりにも長くて、それが原因でさまざまな障害が生じたようで、次々と次男の身に不都合が生じ続けた。医師が「手術をします」と言えば、ただただ従う以外に何の手立てもなく、助かるならばという思いしか浮かばず、同じ所を三度も手術をさせてしまった。

やがて次男は喘息の発作のひどいのも手伝い何度も生命の危機に襲われたけれども、そのたびに医師や薬の力によって救われた。道廣夫婦も何とか次男を救いたいとして、さまざまな病院を訪ね歩いたり、高価な薬、宗教へと進んだけれども、大変だったのはこの世に生きている四人の家族だけではなくて、亡き父母から先祖の皆様にまで及んでいることさえ知らぬ道廣であった。


次男のことは「大病について」に記載した通りであるが、その二年後に家を建てることになり、地鎮祭を行った時の写真にも墓参りの時と同じ写真が何枚も撮れたことにより、生きている者達と亡き父母や先祖の皆様と互いに影響し合うことをはっきりと知らしめられたことになる。亡き父母や先祖との意思の疎通によって一挙に何もかも良くなり、人生観から運命までもが好転したことは大きな成功であると信じて止まない。そして、真に、真に正しい観点から物事を考えてみると、何も知らず、何も出来ない道廣のために医師が一生懸命あのように言って下さったのであり、あのようにして下さったことになる。宗教関係の人々も不安定な道廣の心を支えたり、頼みとするように「きっと良くなります」「絶対に良くなります」と希望を持たせるためにいて下さったことになる。

真に正しいのは、江戸時代初期の剣術家、宮本武蔵の「我、神仏を尊びて、神仏を頼らず」である。世の中は人が作るものであることから、他力本願ではなくて自力本願であるべきと思うが、なかなかそのようにはなれなくて、宗教の人がこの宗教ならば絶対に病気は治りますと自信を持って言って下さった。が、そこにはどうにもならない道廣がいて、その道廣に対して宗教の人が宗教にある嘘も方便という、教え導くための宝の混ざった嘘の教えで上手に導いて下さったことになる。が、道廣は何もかも全て信じて一つも疑わないどころか、きっと良くなると信じ込んで喜んでいるくらい、ふらふらとし芯のない心理状態であったに違いない。それこそ、もっと早く亡き父母や先祖と意思の疎通が取れていたならばどんなによかったかと思うが、過ぎてしまったことは致し方ない。過去のことをかえって良かったこととするために、みんなのお蔭だと深く思う証として、誰よりも、誰よりも優しくなるという、最も難しいことを一生涯の修行とすることにした。

不思議なことに道廣が誰よりも優しくなることを決心するまでは、二人の子供がほんの些細なことで兄弟喧嘩になり、二人が互いに言葉を荒立て目を吊り上げていたのだが、道廣が誰よりも、誰よりも優しくなることに努力し始めたら、それまでの二人は何処へ行ってしまったか、とても仲良くなって絶対に喧嘩をしない兄弟となった。そこには親の良し悪しが示され、家族の精神というものが移り動く（移動する）ことを身をもって知らされたのだった。

例えば、全員悪い人の集団の中に一人だけ途轍もなく立派な完璧と言ってよいほどの人を入れたならば、いずれは全員が良いに染まる。正しいが勝つ！　例えば、全員が良い人の集団に一人だけ途轍もなく悪くてどうにもならない有害な人物を入れたならば、いずれは全員が良いに染まる。正しいが勝つ！　正しいには物の道理や人道がピタリと一致する仕組が必ず味方となるように完成されていて、そのお蔭という影響力の働き掛けであり「良くしたい、より良くする」は偉大である。偉大であるとは言っても、道廣の言っている偉大は「良くしたい、より良くする」の総合を意味している。

例えばもしもあの時、優れた医師がいなかったならば、もしもあの時、優れた保育器がなかったならば、もしもあの時、優れた宗教の人達がいて下さらなかったならば、もしも、あの時優れた父母や先祖様との繋がりが結ばれなかったならば——という一つひとつ、何かが駄目ならばどうなっていたかを心の中に思い浮かべた場合、その一つひとつに感謝の心を向けて、そこにある「良くしたい、より良くする」の大恩愛に報いるのが人としての作法ではなかろうかと思っている。だがその作法とて、道廣自身や家族がその恩愛に値する人間となって、物の道理や人道によく適い、「良くしたい、より良くする」をもってして下さった人達が喜んで下さるであろうと思えるようなことをなし続けるべきであると思っている。そのようにして自分が誰かに、あるいは、世の多くの人に「良くしたい、より良くする」を捧げ尽くしたいと欲するのが道廣の思いとなる。これぞみんなのお蔭と思わずにおれない道廣の人生のみんな、みんな、人様のお蔭で成り立たせていただいたとの感謝の思いである。そうした、そうなる総合の「良くしたい、より良くする」と思う物凄い働き掛けであるとしたものである。

ハッピーになろう

自分自身が辛い時は決して辛いままに過ごすのではなくて、少しでも早めにハッピーになる努力をしよう。喜びも悲しみも自分自身の言動のなせる業《わざ》であることから、辛い悲しみ、悲しい出来事、さまざまな心配事、色々とみんな、みんな次から次と起きては去ってゆく。その一つひとつがその時に必要不可欠で、絶対に必要があって顕示されたものばかりであって、たった一つの無駄も無意味もなく、真に我がためを損なうものはなかったと見て取るのが正しい。

自分自身の過去のさまざまな体験や体得の積み重ねによる支えのお蔭で、本日只今の優れた自分が織りなされているという現実をよく知って、自分の過去に対しては重苦しい感情やわだかまり等を一切なくしすっきりすべきである。過ぎたこと一つひとつを、あの時はあのようにするしかなかった、あれで良かったのだと、自分自身や他の人の行った言動の一切に対して自己満足して、自分に関わる過ぎた出来事の一切を全てかえって良かったことに仕向ける。その最高に良い状態を心の底から喜んで、鏡の前で自分の最も素晴らしい笑顔を作ってみよう。出来たならばもうそれでよいから、その素晴らしい笑顔のことも忘れ去り、澄み切った青空のような気持ちで次に気付いたことに一生懸命になれば、実に美しい心のお洒落がきちんと出来た人となれ、追風に帆を上げハッピーになれるものである。

人間の幸、不幸というものは、それこそちっぽけな取るに足りないようなきっかけから大きなものへと繋がるプロセスだってあるから、何事も最初から出来ないと諦めてしまえば出来る知恵も諦めた途端に捨てられてしまう。どんな時も、どんなことも、どうしたら出来るかという前向きな考えで、決して諦めることなく努力しておれば必ず出来る知恵が働き出して成就するものだ。たとえ自分が出来なくともいずれは誰かが必ずなす。そこに人間だけがなせる物凄い力の業があり、自分もそのなせる一人であって、世の中にはやってみなければ分からないことは幾多もあることから、やりもしないうちから諦めるよりもやってみることが大切である。

何事も始めたらやってやってやり抜く。苦しくとも辛くとも努力していれば、自分が確実に成長しながら成功に向かっていると自分を励まして諦めないならば、物の道理が間違いを指し示して必ずや成功に導いてくれるようになっているから、成功するまでやり抜くようにしよう。どんなピンチもチャンスの極意の如く、只今の辛さを喜びに変えるほど、恐れずに立ち向かっていく強い気力で無理や困難な状況をも押しのけて進めば、何度もチャンスに出合えるようになる。文字だって「辛い」という字の冠に一つ棒を足してプラスとすれば「幸い」という文字になり、何もしなければ辛いままである。

日常生活においても出来ないと嘆いてばかりでは何も出来ず何も起きないが、出来ることを探せば次々と出来て、ヤル気スイッチが入ってしまえば、思いの外どんなことでも出来てしまうほど自分とは優れた者なのである。自分自身がやるべきことに対して、その完成となるゴールでの見返りが素晴らしくて、大変嬉しいご褒美がぶら下がっていたならば、ヤル気スイッチは簡単に入る。だがその多くはネガティブ思考からの切り替えが出来ないでいることから、メリットという利点の全てが眠ったままでは人生の道半ばである。ならば完成やゴール、素晴らしいご褒美を見据えてヤル気スイッチをONにして進む得策を選択し続けていこう。

人間には苦労しただけ辛い思いをしただけ必ず、「楽」や「幸せ」という反対側にあるご褒美が与えられるように実によく完成されている。このことを「禍福はあざなえる縄の如し」（災いと幸せとは、縄がより合わさるように入れ替わりながら変転する）ともいい、万人の知るところであるが、自分自身の思考作用の使い方次第では、どんな境遇をも完全にプラス思考に取って替え、さまざまな不幸、不都合をもかえって良かったことにしてしまう。それこそがピンチをチャンスにする極意であるが、これが出来る出来ないによって天地を分けるほどの違いが生まれることになる。したがって、良いことは即刻実行してより良き状態を選択し、自分自身や多くの人々の願いや希望を叶えてあげたり、幸福への手助けが上手に成し遂げられるようになることが、物の道理や人道によく適った優れた自分になれるということである。そうすることによって、何の見返りを求めなくとも必ず、絶対に物の道理や人道からご褒美が与えられるようになっている。

このように、物の道理に従い物の道理や人道に適っておれば「いいことづくめ」となることから、努力すれば必ず報われると、報われるまでやれば努力は実を結び、目標を叶え良い結果に繋げてくれるのが物の道理である。物の道理や人道というものは私達が知る知らないに全く関わりなく、当然のこととして、それこそ生きようが死のうが全く無関係に、それこそ言いようもなくたとえようもなく、説明さえ出来ないほど人知を遥かに超越した働きによって、一つの漏れも見落としもなく完全無欠の神秘で私達を包容して下さる有難い存在である。実に空気のようにその加護がなくては一《いっ》時《とき》も生きられないようなものであって、それこそ自分が生きる上においては絶対になくてはならない大切極まりないものが計り知れないほどある。それもこれもみんなみんな今現在、只今の肉体生命を得てこの世に出る前々の、幾千万年もずーっと昔から自分という精神、心、魂はさまざまな肉体生命を使って現今に生きているが、これから先もさまざまな肉体を渡り歩きながらさらに進化を遂げても物の道理や人道が見守っていてくれる。

例えば、私という人間がたった今死のうが、何十年先に死のうが、物の道理や人道は空気のように何ら変化せず今のまま永遠にあり続けて、自分というものに宿る精神、心、魂というものも不死永遠であり続けるということは幸福であり、嬉しくもあり、幸せである。つまり、ハッピーであり続けて結末、最後のエンドはないということになるが、世の多くは只今の肉体が終わり一生が終わることを恐れたり、忌み嫌って何時も死にたくないと嘆いたり、死から逃れるためには人を殺してでも自分は生き長らえたいとする。しかし現実には人を殺すということがどのようなことか、そしてどうなるか知らないでいる。だが肉体内のさまざまな生きもの達は生まれ変わり死に変わりの過去の記憶から分かっていて、人を殺そうと思っただけで、内から外へ出て来て目の色が変わり、顔色が変わり、足がガタガタと震えたり、言葉が滑らかに出て来なくなったりする。

もうこの時点でハッピーではなくなって肉体内に激震が走り、大騒ぎになっている。心では肉体の内奥の大騒ぎなど気にも止めないで殺人を行うが、生まれ変わり死に変わりを繰り返す精神、心、魂の世界では大変な大失態となる。人間の世界では、知らなかった気付かなかったことについては意外と寛大で厳しく咎めることもなく済ませる場合もあるが、物の道理や人道の世界では厳密に咎められることになっていることから、アンラッキーな状態となってしまう。それこそ悔恨の念と懺悔の思いに駆られることになる。

私達の精神、心、魂が一つの肉体生命を終えるということは、人間が恋をして失恋するのとよく似た現象であって、失恋することによって次の恋の準備が整ったということになる。何度も何度も失恋することによって、最も優れたお父さん（お母さん）になる知恵が完成されていく。それが証拠に初恋の人とは良いお父さんお母さんにはなれないから、失恋をするたびに一つひとつ別れ方が上手になり、立ち直りも早くなってくるものである。それが進化である。

つまり、失恋のたびに利口になり、失恋したほうがよいから失恋する。死んだほうがよいから死ぬのであり、死ぬから進化する。進化のために死ぬということは、進化が終われば死ぬ必要がなくなることになるが、只今は進化の中途（進行の中程）である。物の道理や人道に照らして最も正しいことは、相手がそのまんま自分であるとする考え方を用いて、自分を最も愛してくれて、自分の幸福を喜びとして、自分の不幸や不都合を悲しまれる。言いようもなく、例えようもないほど素晴らしくて物凄い大恩愛の加護を受けたならば、その偉大なる大恩愛に報いることこそが相手も良くてこちらも良い結果に結び付くことになるのも物の道理であり、人に対する作法でもある。

したがって、私達は自分の父母が望むような良い子として生きることによって互いのハッピーは成り立つことになる。真にそのようにするには、何をするにも必ず父母を思い浮かべて「きっと喜んでいただける」と思えば、必ずのちに良い結果となることから、常に「父母が喜んでくれるような良い子」を目指して正しく生きて、ハッピー続きの人生を作り続けていこう。そうすることが自分や父母の願いや希望を叶えることになり、相手も良くてこちらも良いというハッピー対ハッピーが成り立つことになる。私達の知識は力であることから、さまざまな体験や体得を一つも無駄にしないようにしっかりと正しい知識を蓄えて、物の道理や人道に照らし合わせた正しくて良い知恵をしっかりと使いこなす真のハッピーに向かって進む人となろう。

私達が真のハッピーに向かうには、物の道理や人道を深く追求した奥深いところにも心を向けて、本当はどうなっているのか、物事の真相を正しく知ることが真のハッピーへの第一歩と考えてまず、自分というものを正しく知ることが肝要となる。

私達人間の表面だけを見るとみんな別個に見えるけれども、精神の奥底ではみんな一繋がりになっていて、自分というものは次ページの図で示すように先祖の代表であると共に子孫の代表でもあり、さまざまなものや条件による結び付きによって生かされ続けている。

私達は常に先祖を代表し子孫を代表し家族を代表して生きていることから、私達の一人ひとりが間違いや失敗が絶対にないようにしなければ、ピラミッド底辺の子孫が嘆き苦しみ、ピラミッド上部の親、先祖が嘆き悲しまれることになる。自分は新しい生命を受ける時の浄化のたびごとに大変な思いとなり、生命の尊さや正しく生きることの大切さに導かれていくことから、次の新しい生命を輝かせるためにも、必ず滅びて終わる肉体生命よりも永遠に続く精神、心、魂がいいようにする選択こそ必要不可欠である。どんな時でも常に物の道理や人道の観点から、最も正しい選択によってみんながハッピーになるようにしていこう。

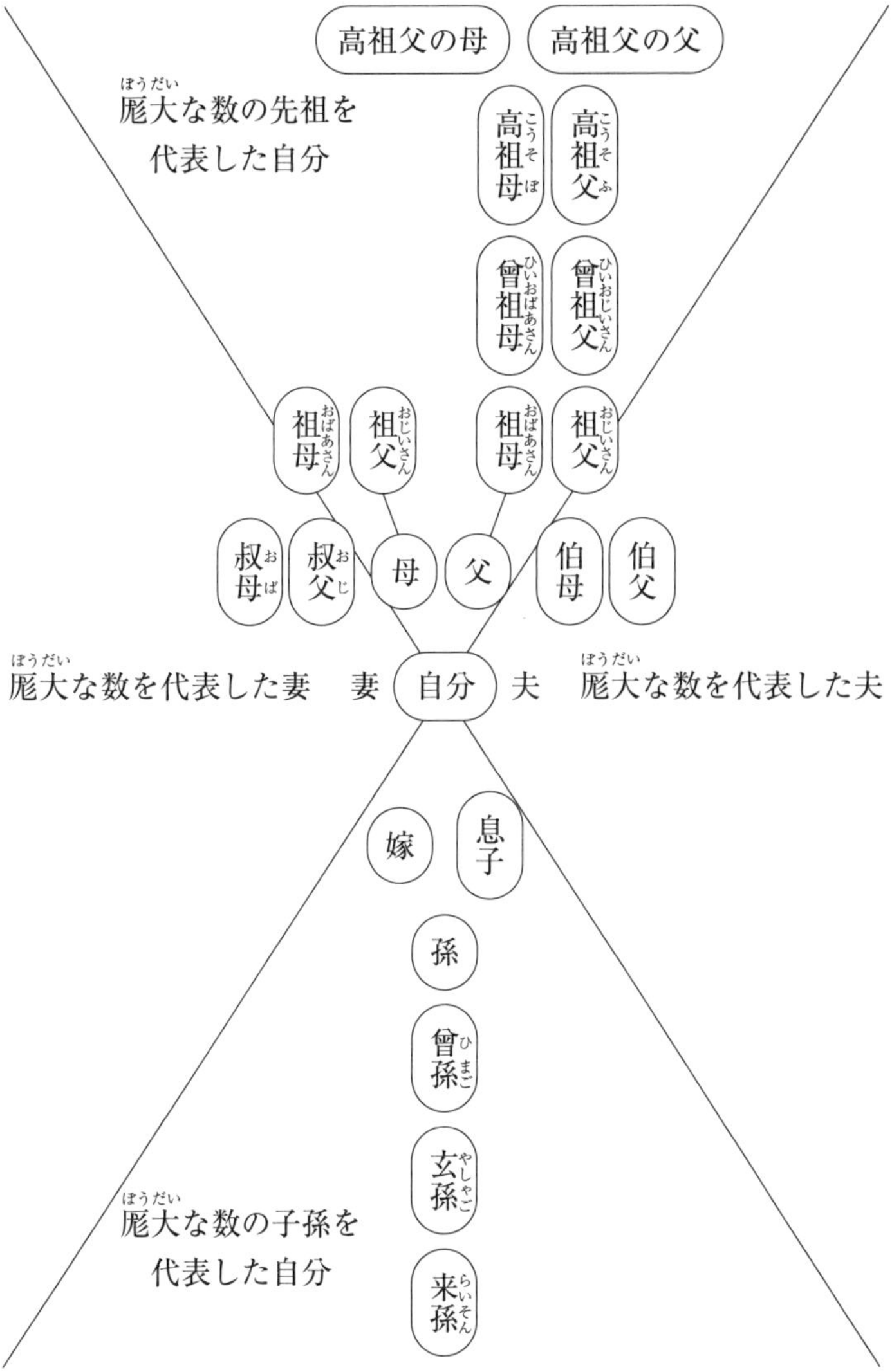
高祖父の母
高祖父の父
厖大《ぼうだい》な数の先祖を
代表した自分
高祖母《こうそぼ》
高祖父《こうそふ》
曾祖母《ひいおばあさん》
曾祖父《ひいおじいさん》
祖母《おばあさん》
祖父《おじいさん》
祖母《おばあさん》
祖父《おじいさん》
叔母《おば》
叔父《おじ》
母
父
伯母
伯父
厖大《ぼうだい》な数を代表した妻
妻
自分
夫
厖大《ぼうだい》な数を代表した夫
嫁
息子
孫
曾孫《ひまご》
玄孫《やしゃご》
来孫《らいそん》
厖大《ぼうだい》な数の子孫を
代表した自分

肉体生命の死こそが最大の浄化であり、死によって進化してきた私達の肉体のことをよく考えた言動をとり、全てのハッピーが求めていることを常に心に置いて正しく生きる。どんな時もどんなことにも積極思考を保ち、大変な現実に遭遇しても、かえって良かったと思える現実に変えるような思考法を常に用いる人となろう。

▼そうだったのか！▲

人類が古来から憧れ求めてきた真理こそが永遠不変の物の道理と人道（心の本体）である。物の道理は（世に）あり得る（限りの）一切がなり得る遠因や根因、起因を必ず通過しなければならず、その原因の結果をもって生じたり滅するものであり、全くの無から有が生まれることは皆無である。天地に存在する数限りない全てのもの、万物、有形無形も原因と結果によらぬものはなく、人間の作り出した優れた精密機械であっても原因と結果の組み合わせで精度を高めたものである。現今のように精度の高い優れたカメラ等にも出来ないほどの優れた私達の肉体生命の目や脳の組み合わせは、実に都合良く進化を積み重ねた優れた神品である。

世の中で起こる出来事でどんな偶然から、どんな奇遇から起きたかと思えるものでも、分かりづらかったり気付きづらい中でそれとなったり、発生させる主要な起因があって生じるというのが物の道理である。世の中には奇跡も奇遇もなくて、矛盾さえもなく、物事や事柄の辻褄は「ドンピシャリ」と合うように実によく完成されているのも物の道理である。

物の道理による最も正しい観点から肉体生命を客観視したならば、肉体と精神、心、魂というものは外見上は一つに見えたり思えるけれども、本当の中味は全くの別ものである。分かりやすくは肉体内に生きているさまざまな生きもの達にはそれぞれの意思があって、その意思全体の集団を精神、心、魂と呼んでいる。私達の心はハート、脳、腹という一つのものなどではなくて、それこそ肉体内にある末端の微生物に至るまでのそれぞれの生きもの達が、蜜蜂や蟻達の各個がそれぞれの意思で各自の役割分担を果たし立派な社会構成をなすことと同じように、肉体内には小宇宙の世界が展開されていて、その集団が感じる総合感覚こそが精神、心、魂というものである。

つまり、感じるもの達が宿っていた肉体生命から肉体があった時の形のままに出て行ったならば、肉体は脱ぎ捨てられた単なる人骸《ひとから》（人殻＝魂の去った身）となり、蛇の抜け殻、蝉の抜け殻、あるいは蟻や蜂の巣からみんなが出て行った状態となる。存在したもの、いたものが全て出て行った状態となることから、精神、心、魂の去った身は痛みも苦しみもなくなり、感じるもの達は全て肉体の健全な状態のまま新しい肉体を求めて、心の本体に肉体が生きている感覚で生還する。

心の本体では、肉体があった状態の過去が本体の目的である平和と幸せに繋がる助け合いの貢献度の正しさから、間違いの一切が事細かく実際に現実のものと全く同じ肉体体感を用いて本人の感覚記憶通りに再現されて再確認されていく。肉体のあった時の全ての言動から次の新しい肉体生命の浄化度が決定付けられて、心の本体が目的とする平和と幸せの助け合いによく適合する状態にあれば即刻、新しい肉体が得られるが、遠くかけ離れた状態にあると、それなりの厳しい浄化の工程を完全浄化となるまで受け続けても、条件付きでなければ新しい肉体で生まれ変われなかったり、生まれても即、死んで浄化を繰り返さなければならないものもいる。それほどまでに新しい肉体や肉体生命とは尊いものである。

しかし、現今までそのことを誰も知り得なかったから、人間達は殺さなければ殺されるから殺して生き長らえる方法を選択し、自分の命を落とさずに生き続けてきた。

これは、相手がひどいことをする前にこちらが先手を打って相手を酷い目に遭わせてやろうとする行為であって、それこそ目前のことしか分かろうとしない不幸への道であった。でも、実は心に備わる良心は計り知れないほど先祖達の肉体生命の生まれ変わり死に変わりを通過してきた記憶から、何が善であるか悪であるかを知り尽くしていて、当然のことながら物事にも精通している。それなのに生きる身は肉体内の大変な思いを無視した言動をもってするが、肉体内の心達はさらに、さらに大変な状況に追い込まれていくものである。

昔は我慢、辛抱が美徳とされ、人として最も望ましい立派な心の在り方や行いとされたが、それは大間違いであって、人間にとっては害毒である。そもそも我慢、辛抱をしなければならないような心こそが、偏見や見誤る、悪い心で正しくないことを企てる心である。それなのに我慢、辛抱をしなければ駄目だ、石の上にも三年という言葉もあるが、ほとんど嫌な思いに用いられることが多い。

例えば、相手に言われた、されたと受け取った場合に「バーン」と言い返したりやり返せたならば我慢も辛抱も生じないが、相手が目上であるとそうもいかず、それこそ普段は誰にも見せないような嫌な気分を表情に出しながら、心の中は敵意むき出しの嫌悪感から不快な者を見る目で相手を鋭く睨み付ける。心の中には相手の悪いイメージ像が大きく成長していき、極悪非道の馬鹿が飛び出してきて、相手に危害を加えるのを必死で我慢、辛抱で押え込んでいる。そのことは相手にもよく分かることから、相手も何と悪い奴だ！　と思って互いに悪対悪でバランスは取れていき、やがて何時の間にか我慢の限界を超えた極悪非道の馬鹿が、これまでのウップンを全て爆発させる。相手を大きく傷付けたり殺して極悪非道の馬鹿がいなくなった後には、平常心の自分がただ「ポッリ」とその場に置き去りにされたかのようにただずんでいる。

　でも、その極悪非道の馬鹿がなした最悪な事態も自分の責任であり、自分の責任は肉体内の生きもの達の意思を総括しているところの心にあり、心が最も大変な状態となっていくことになる。そのようになってしまうことさえも知られていなくて、それこそ現今という只今においても分からない、分かりづらいということから、知らないという無知によって人々は簡単に自分と全く同じ思いで生きている人々と戦争を起こしたり殺人等の残虐行為をなしてしまう。だが人間の世界では、知らなかった気付かなかったことに対しては意外と止むを得ない、致し方ないと、受け入れざるを得ない状況となって寛大な処置が取られることもある。しかし物の道理や人道においては寛大な処置など一つもなくて、ただただ正しいか否かによって、その人の浄化の度合や工程が決定付けられるように完成されている。

そのように厳しい工程があればこそ、肉体内に宿っている精神、心、魂達は只今に生きる身が殺人などをしようと思っただけでも生命の尊さ、新しい生命を受ける浄化の恐怖から目の色を変え、顔色を変え、顔を引きつらせ、言葉が滑らかに出なかったり、身震いを引き起こしたり、胸は大きく波打ち、体中のさまざまな生きもの達が総出で大騒ぎして阻止する。だが生きている身は肉体内からの阻止のシグナルを無視したり、あるいは怒りの暴発によって自分というものを完全に見失って制御不能となり、大変な惨事を引き起こし自分という者が何をしでかしたかもよく分からない放心状態となって呆然と立ち尽くしているものである。そこからさらに、さらにその惨事に相応しい大変以上の責め苦の浄化は避けられないようになっている。

人間が人を殺す時、心をなしている生きもの達が必ず阻止することから、肉体が小刻みに震えるが、単なる脅す時は肉体が小刻みに震える人は一人もいないものである。過去に戦争に参加した人が、当時体験した恐怖や感情が脳裏によみがえり、悪夢にうなされたりすることをフラッシュバックという。だがよく考えたならば、人殺しこそ自分殺しである。今生きている身がよくて、次なる新しい身を投げ捨てるような結果を招くことから、人々はこの世の只今だけの自分ではないということを深く心に刻んだ生き方や物の道理と人道に正しく従った生き方に転換することが正しい。不幸にも殺人などを犯してしまったならば、それこそ只今という今この一瞬から悔恨、懺悔、改心よりも先に、一つでも多くの善行を命懸けで行い、悪夢を縁起の良い夢であるところの瑞夢《ずいむ》、吉夢《きちむ》と入れ替えよう。「因果応報の原因と結果の世界」「善因善果、悪因悪果、自因自果」という仏教の教えなどもよく知って、正しい言動だけを上手に選択して生きていこう。

「世の中は思うようにならない」って？　思うようにならないからよいということもある。それこそ悪賢い悪人が人々を困らせる悪行を行い、それが成功続きにならないように、一つひとつ厳密な厳しすぎるほどの法則で阻止されるよう、実によく完成された規範のお蔭で、その影響力により、世の悪行は必ず行く手が遮られ先へは行けないようになっている。正しいものを正しく生かすようになっていて、「成功はたった一つの失敗も許さない」という真に厳密で厳しすぎるほどの法則は厳然としてある。

その反面、本人が失敗を繰り返しても、絶対に諦めないで成功に向かって努力をすれば、何億万回の失敗に対しても一つの漏れも落ちもなく的確に正否を定めて知らしめてくれる。正しく成功させるまで止むこともなく何処までも、何処までも正しさに向かう者の味方であり続けるのが物の道理と人道である。実にこのように言いようもなく、例えようもないほどに大きな大愛を知ったならば、その大愛を受けて互いに良くなることが物の道理や人道に適った生き方となる。

私達人間が物の道理や人道によく適い真の幸福と安心の世界で生きるには、物の道理や人道に対してはまだまだ未知の世界が多く、解明されていない不思議な事柄が膨大にあることから、その未知の世界を探求して、今まで知った遥かかなたにある大きな、大きな未知の世界にも心を向けて、まだ知らないことや知られていないことに対して日々知る努力を続けていこう。

努力となると誰でも知る発明王、天才発明家、トーマス・エジソンが凄い！「天才とは、一％のひらめきと九十九％の努力である」などの名言を残したのは多くの人々に知られているであろう。膨大な努力を重ねたことで知られるエジソンは、蓄電池の開発では九千回以上の実験を繰り返し、電球を発明する際には一万回もの失敗をしたという話が残っている。だがエジソンは、「私は失敗したことがない。ただ一万通りの上手くいかない方法を見つけただけだ」と発言したとのことである。ということは、エジソンも物の道理を使ったことになり、物の道理に導かれて成功に至ったものと思われる。

エジソンが物の道理と人道を知り尽くすほどの努力をもって世の中に大きな功績を残したことも凄いが、物の道理や人道とはもっと、もっと物凄い働きをするのだということを決して、決して忘れずに問い続けたところに人類の幸福と安心の世界があるというのは確かである。

▼生きることの素晴らしさ▲

自分達の御先祖様達がさまざまな困難を乗り越えて、現代人の想像を絶するような過酷な状況を何とか生き長らえて、生命を繋ぐ進化をなされたお蔭で今日只今の自分達は繋がっている。そこのところに人間だけのなせる知恵や知識の申し送り等が大きな働きや役割を果たしたのである。現今にあっては、私達が生きていく上で必要不可欠な衣食住に苦慮することもなく、それこそ身近な人々と助け合わなくとも生きてはいけるが、人間は数多くのさまざまな問題に直面するたびに上手に対処、処理していかなければならない。

そのたびごとに必要不可欠なものこそが知識と知恵であり、当然のことながら知識が少ないならば知恵も少ない。知恵とは、多くの知識の中から絞り出して使う能力であり、知恵を使ってこそ物事が前に進むようになっているのも物の道理である。知識は一人よりも二人、二人よりも大勢のほうが多いということでもあるが、知識が増すほどに物事や状況を理解して適切に対処したり処理する能力も高まることから、知識を上手に知恵にして創意工夫する人となろう。

経験を多く重ねていけば突発的なさまざまな出来事に対しても、何らかの共通点を「サッ」と見出すことが出来て、上手な対処法を取れるものである。物の道理や人道についてもよく知っていれば、不幸、不都合を回避する得策を上手に選択出来る。上手に生きるための知恵を使いこなし、生きることの素晴らしさを実感出来るようにしよう。

自分自身の職業や生き方に対して満足し、素晴らしさを感じて生きていきたいものであるが、それはなかなか難しくて、出来ることを羨ましく思う人がほとんどであろう。でも、どんなに羨ましく思ってみても何にも変わらないことから、自ら進んで目的や希望などを拾い集め、最も憧れる理想などを紙に書き出して、自分がいつも目にする場所に貼り付けておく。絶え間ない努力をもってすれば必ず、必ずある日突然、何らかのきっかけから成功へと結び付くものである。

そして、その目的や希望については周囲から反対されようが馬鹿にされようが、決して諦めることなく、隠れた場所でもただひたすらそれに向かっていくのみである。そうする、そうしたものこそが本物であり、そうした中にこそ生きがいや立派さがあり、そうなれてこそ自分探しの成功者であり、人間の理想とする生き方に到達することとなる。

私達人間はさまざまなものを好きになったり、愛して可愛いと思ったり、優しく扱ったりすることは大事である。それは道具のように心のないものに対しても、同じように大切に大切に使わせてもらい、素晴らしくも有難いその働きに感謝する。そして使い終わったならば、感謝と共に念入りな手入れをしておけば、次に使う時も同じように有難い働きをしてくれる。あたかも愛し合っているかのような現象が続くことになるが、さんざん酷使したまま放置しておくと、道具や機械だって次に使う時には元の機能を果たせないほどに錆び付いて、永遠の別れだって生じてくることだってある。

つまり、何事も何物もこちら側の愛情とやる気を待っていたり試しているかと思って、自ら喜んで接することによって、相手という自分以外のものもこちらの側を味方にするかのような動きをするように感じ取れるものだ。そうしたことから、全てのものの達に対して正しく優しい心を振り向けるようにすれば、互いに幸福対幸福でバランスが取れていくという上手いやり方である。

このように何事も何物も自分という人間が真の愛情を持って接することによって、必ずやこちらに正しく等しく物の道理を通じて反応する。こうして返答返しをしてくることから、この世の出来事において、相手も良くてこちらも良い方法だけを選択し続けることによってのみ、絶対に解決しないような難問題でも必ず解決するように完成されているものだ。だが人間はその真逆を用いて自分の利害関係を最優先させる方向に進みがちなことから、貧乏人が貧乏から抜け出せないことと同じ理屈となる。

では、貧乏人をよーく観察してみよう。貧乏人は人と助け合って生きようとはするが、ある一定の線があって、自分の貧乏を守るために最低限の金銭しか出さない！人と食事に行っても出来るものならば相手がお金を支払うことを願い、自分から進んで相手の分まで支払うようなことはめったにない。何時も支払ってもらうことによって、口先だけのお礼は上手に言える。それぐらい何かにつけお上手そうに見えて、金銭の使い方だけは実に下手糞であり、絶対に金が金を生む方法を取らない。

では、お金持ちの人をよーく観察してみよう。お金持ちの人は、人脈作りに余念がないと思わせるほどに人を大切にすること限りないという感じがする。もちろん、支払いは自ら進んで喜んで済ませ当たり前のような顔をしている。そこにはいずれ、その金銭や相手の喜びが大きな利益を生むきっかけを必ずや持ち帰ってくる。だから、どんな大金であろうとも何の惜しげもなくサッと出す。だから相手も大切にしてくれて、またこの人に会いたいと思わせることになる。

貧乏人はお金は宝であり大切に、大切に寝かせておいて、必要な時に必要なだけ仕方なしに使うが、お金持ちはお金は道具であって上手に使いこなしてこそであるとして、大いに働いてこいと送り出し、さらに大きく成長させたいとするものである。ただ言えることは、物の道理や人道はお金持ちであろうが貧乏人であろうが無関係に応じてくれて、物の道理や人道によく適っておりさえすれば必ず、必ず上手に生かされることだけは確かである。

したがって、自分がお金持ちになりたいならば、何事も正しいを上に置き、人を大切に思い、優しい心の完成をなし（この人のそばにずーっといたいとか、またこの人に会いたいと思わせるほどに友人、知人にとってなくてはならない存在）、そこに人が集い金が集まるのが物の道理と人道である。まず自分が真っ先に、いの一番に大金持ちになって貧しい人にお金を恵むべきである。お金がなければ人様に恵むことなど出来ず、自分が恵んでもらいたいくらいのものである。それが物の道理であって、ことわざにあるように「無い袖は振れない」。援助したいと思う心は強くあっても、実際に持っていないものは出しようがないのが物の道理でもあるが、本当は出せないこともないのに、出せば出せる状態にあるのに最初から出す気持ちがない人からは絶対に出て来ない。

たとえありあまっていても、出す気持ちのない卑しい乞食根性や貧乏根性の人は真の人助けなどは出来ない。したがって欲張ってため込んで過ごしていて、日常生活は十分楽に出来ても、もっともっと欲しいと望むならば、そういう人は一生涯を貧乏根性、たかり根性で過ごすことになる。死んだら同じような欲張り親族が、一生懸命欲張って集めに集めた大金を奪い合い剥ぎ取られることになるのも物の道理や世の習いであることから、人が自分の死ぬのを待っているほどに悪いことをしたり、大金を抱えていると悪事がバレないか心配、大金が取られないか心配と、心配の種が増えてくることになる。

そのようなことをさせない、しないためにも、全人類に目を向けるような大きな、大きな心になり切って、幸、不幸は必ずや私達を幸福に導くためにあると。物の道理と人道を通過したものが原因の結果として指し示される、物事の正しく自然に進んでゆく法則をよりよく理解する。正しいという条件が成立したものは、ことごとく私達に幸福や安心をもたらすと。その働き掛けに私達が向かうことによって、貧困は少なくなり、戦争も止む。

これは物の道理や人道と心の本体が望む、平和と幸せへの正しい条件である、人と人との助け合いに従い準ずる原因の結果が指し示されたものである。このことを全人類がよく理解することによって、この世の悪事は上手くいかないこと、悪事をなす者がいなくなる仕組となっている。したがって物の道理や人道、心の本体中心の生活をするようになると、人類の最大の幸福と安心への進化ということになる。大丈夫！

人間には実現力があるから必ずなる！　物事の良い面だけを累積させて、幸福と安心の世界に生きるようにみんなで仕向けていこう。その先にこそ、より良く生きる素晴らしい世界がある。

何事もそれとなりうる遠因、根因という物事の起きる起因を正しくなせば、必ずやなるという物の道理にしっかりと繋げていこう。私達人間が真に正しいことだけを追求し続けて、物の道理と人道を中心として生きて、人と人を大切にし物や物事も大切にして、実に神対神であるかのような進化を遂げる方向に進むならば、その身は順風満帆となり、追風を受けた帆が「パーン」と張られて快く進むように物事は順調にはかどるようになる。

人間にとって大変な出来事も実はよき教訓であって、人間は大変な体験をするたびに多くの知識を得て、次の大きな、大きな大変をも上手に乗り越える糧とする。一つひとつの大変があっての今日只今の自分があるが、歴史の流れは人間の繁栄や貧困、平和と戦争を繰り返しながら、文化や文明が進んだ今日只今である。そして、今尚、人間の繁栄や貧困、平和と戦争は繰り返されている。

これでよいか！　目を覆い顔を背けたくなるような悲惨な惨事はどうする。誰にも止められないって？　止め方は一人ひとりの心の進化である。相手こそが神であると、神対神の世界で助け合って、人も物も物事も大切にするという、大切対大切の世界へと進化していけば、心の本体の望むところの平和と幸せへの願いは実現して、人間のあるべき生き方へと進化を遂げていくことになる。

そうする、そうならせてこそ幸福と安心の世界になり、人類の願いも実現する。そして優れた人類進化の目的に到達するという結果に繋がることとなる。そうする、そうならせることこそが各自の使命であると正しく悟り、その使命を全うすることに強く心を注力し、真に正しいことに一生懸命ならば、自分を大切に大切に正しく立派に育ててくれた意味も成り立ち、人としての作法も使命も成り立つことになる。

自分自身が真に正しいに向かって進むならば、物の道理や人道一切が自分の味方となり、一般的に不運や不都合のように思えるようなことさえも、良い結果をもたらすように変化し、必ず物事は正常に確保された状態となって道は正しきに開けるように完成されている。

人々は一切の破壊を止めて、人も物も大切に、大切にすることを確実に実行して正しく生きるべきで、優しい心を失って自ら大変を作ったり育てることとはオサラバする。生きることの素晴らしさに目覚めるためにも、自分の生き方が物の道理や人道から指し示される正否をよく確認し、真に正しいに当てはまるようにし続けて生きる。もしも、間違いが顕示されて指し示されたならば即刻、正しい道に引き返して、避けるべきは避けて人々との助け合いや全てを大切にする結果に向かうようにしよう。

たとえどのようなことがあったにしても、今までのことよりもこれからを大切にすれば必ず、必ず道は開ける。真にそうであるかどうかは必ず結果で分かることから、しっかり試してみよう。どんな時もどんなことも必ず何処までも、相手も良くてこちらも良い方法を選択し続けて、それでも上手くいかないならば、そうした中の何処かに互いに良くならない原因があり間違いが顕示されていることから、ほんのわずかな間違いも正しく改めるようになっているのも物の道理と人道である。物の道理や人道の事細かで綿密なことは信じられないほどに完全無欠であって、あたかも夜露の水滴に月が映るかのように、一つも分け隔てなく行き届いていることは完全完璧、万全である。

　実に素晴らしい生き方に到達するには、物の道理と人道の用法を誤ることなく正しく上手に活用し続けることが肝要である。トーマス・エジソンが一万通りの上手くいかない方法を見つけただけだと発言したのには、エジソンが一万回上手くいかなかったと笑顔を浮かべ、心の底から楽しんでいたかのようでもある。一万通りともなるとただただ自分の打ち立てた目標に対する情熱も物凄いものがあったに違いない。失敗しないことよりも、失敗しても決して諦めることなく、失敗するリスクなど気にすることもなかったのだろう。失敗しても最善を尽くす努力や前進するそのスピードも並外れたものがあったことだろうが、物の道理の上手くいかないを頼りとして、必ずや行き着ける成功への道を探り当てることが、真に理に適っていることにも深い関心を向けるべきであろう。

▼相手と自分の心▲

人はいついかなる場合においても互いに試し試されながら生きているようなものであり、たとえどんなに愛し愛される仲であっても、一瞬の出来事や言動によって相手を嫌ったり嫌われたりする。互いのどちらかが嫌えば双方とも嫌い対嫌いの現象だって起こったり、またその逆もあり、さまざまなことが一変してしまうというのが物の道理でもある。つまり、人はとことん何処までも物事を推し進めてみてやっと、本当の中味というものを知るようなものであって、本当に何処までも何処までも自分自身の意に相手が添うのかどうか確かめ続けていいて終わりなんかないようなものである。私達は一人ひとり誰に対しても慎重に、相手の気持ちをよく考えた言動をもって、互いに互いをより良くする努力を怠らないようにするべきである。常に最も正しいの選択をし続けるべき世界に生き生かされている身であるが、そのことをよく知っているか全く知らないかによって、その人の人生は大きく変化することだけは確かである。

例えば、人が生きる上において「徳を積む」という、見返りを求めず良い行いを重ねていくことがいいに決まっている。ことわざに「陰徳あれば陽報あり」（人知れず善業を積んだ者には必ず良い報いがはっきりと現れる）という言葉があるように、報いを求めない行為には真の実力や信用が生まれてくることも確かである。

自分自身が嫌なことや大変なことは人も当然同じく嫌であって、逆に自分が嬉しいことや楽しいことは人も当然同じであることから、常に自分の身と気持ちに当てはめてからこちらの言動を発信させるように心掛けておれば、そのうちにぎこちない不自然さも消えて、本物の素晴らしい人格者に近づくこととなる。

私達人間は何事をなすにも意外と無防備で、先々の危険も考えず、さまざまな落し穴のわなのある中へ突進するような時が多いものである。そうであれば、当然のことのように必ず落ちる、はまるをもって大変、大変を体験、体得をしながら苦境を生き抜かねばならない。だが出来るものなら、悪いものや苦境に繋がる状況には直面しないという選択をしたい、避けて通りたいものである。そうする、そうなるためには、どうしても自分を読み、人を読み、先を読むことが必要不可欠となる。まずは自分を知ることが大切極まりないことであり、極端に自分を過信したり、成し遂げたい一心で周りの状況が見えなくなるような事態には特に注意したいものである。

人間はどんなに勉強しても世の中のこととなると、一人の考えなどでは絶対に足りなくて、何処かの落とし穴に必ずはまるものである。夫婦であっても一人では半人前でしかなくて、二人という夫婦でやっと何とかなるくらいのことである。例えば、一人では絶対に駄目なことも夫婦揃って頭を下げてお願いすれば適わぬことも適ったりする。夫婦で話し合って決めたことは成功することが多いが、片方の反対を押し切ってなしたことは意外と上手くいかないことが多いのも、一人の考えでは駄目という証のようなものである。

その他は、相手がきっと喜んでくれるであろう、これならばご両親もきっと喜んで下さると確信が得られたことなどは確実に成功することが多いものである。したがって、出来ることなら人に接する前にはその人が喜んで下さるような言葉を準備する。物事を行う前には必ず実際に起こるであろう状況を心の中で描きながら、必要となる物や道具等を予測してしっかり整え準備する。そうしないと出来ない事態だって起きる可能性がある。私達は常に人のためにありたいと願う心で相手に接しなければつい、自己中心の心になりやすいものである。何かをなす時だって絶対に困ることがないようにしたつもりでも、時には「さぁ、困った」が生じて慌てふためき、騒ぎ出すことだって起こるものである。

何事も間違いや失敗は正しくするしかないが、修復ややり直しでの手間は多くの時間も失われることから、その分は準備や心掛けに費やすようにしよう。つまり、大変な苦労よりも容易《たやす》い苦労で済ませたいものである。

天に星、地に花、人に愛、花に水、何事も美しく、泥水を吸っても綺麗に咲く花もある。美味しい料理だって、決して見た目、見目形だけではなくて、真に美味しいならば誰もが目を見張ることになる。細心の注意を払った真心を込めた料理には、それぞれ一つひとつの素材を大切にして作った優しさがある。素材の持つ要素を深く理解して、そのものが有する特性を導き出した味は素晴らしい。味の背景には人知れぬ心配りが見える。人を至福の心地に誘う、作った人の心の美しさか、仕事の上手さでもあろうが、それらは実に美味しいという理に適った証であることから、何事も物の道理によらぬものはないということを重視しよう。

▼人と自分▲

当然のことながら、人と自分とは全く同じようではあるが、全く同じどころか全く違うとさえ思えることだってある。人の真相（実情や真実の姿）というものは実に難しくて捉え難いものである。つまり、人の心や思いは変わる。自分自身の心であっても一分一秒も静止しないものであり、ほんのわずかなきっかけによって全く違う発想をすることもある。大変な思いも真逆となることだってあるから、自身の発想力は身につけたいスキルの一つでもあり、素晴らしい発想力をしっかりと鍛えておきたいものである。

人の心を知るとか読み解くことなど絶対に出来ないと思うのは正しい。人は自分が思う以上に身勝手に生きているものである。常に最も正しい心の選択をし続けて、相手も良くてこちらも良いを確認が出来るような心で生きなければ、相手か自分のどちらかに見誤りや偏見が起きて、やがてそれが大きく成長してしまうことだってある。人とは思うようにするべきものでもなくて、また思うようになるものでもない。「人の口に戸は立てられない」（いったん広まってしまった噂はどうにか止めようとしても広がってしまうものである）のことわざもあるが、もしも自分が困るようなことが起こっても、自分が正しいならば堂々としておればよい。やがて真相が明らかになるにつれて、間違いを犯した悪者達は全て自分の引き立て役となってくれるものだ。人がどう思うかを気にかけてそれに振り回されていたならば、人はやっぱりそうかと、噂に確証を得たかのようになる。さらには各人の思いまで加味されながら、何処までも勝手に話をふくらませ、拡散されていくことも知っておこう。

欠点のない人はなかなかいないもので、自分も欠点だらけの人間として生きている。嘘を言ったことのない人もいなくて、失敗したことがない人もいないのが人間であって、みんな同じようなことをしたり同じような思いを抱いて生きているものである。自分の行っているのが悪いことと気付くこともなく、罪悪感を感じない人とは関わり合いになりたくないし、絶対に遭遇したくない。それと嫌な出来事には二度と出会わないように、しっかりと自分の記憶に残るようにもしている。

自分自身を馬鹿か利口か自問自答をしてみると、自分の利口な部分を前面に出すことに一生懸命で、自身の馬鹿さ加減を隠す努力も怠らないでいる。そしてこの世の中で自分が一番利口であると共に、自分が一番馬鹿である。この世に生きる全ての人々がみんな利口に生きていて、馬鹿に生きようとしないだけでも有難いことである。しかしながら、誰もが馬鹿な仲間になりたくて、それぞれが馬鹿をやらかし大変な思いをしているのを世の中の人は分かっているものである。馬鹿がでっかいだけ、その半面の利口さもでっかいのが物の道理であって、その人の人間としての器でもある。

みんな、みんな何事においても中途半端で物事が完成に達しない前に少しだけで止めてしまうことから、大悪党にもなれず大善人にもなれない。だから、かえって良いことでもある。正しくは、大善人なる人物こそ裏を返せば大悪党でなければならないことにもなる。したがって、本物の大悪党も大善人もいなくともよいことになる。みんな、みんな本格的でないのがかえって良いこととしておいたほうがよさそうでもある。

人と自分を最もより良くするには、人の表を見て裏を見て、自分の表を見せて裏を見せて、互いの良い面も悪い面も知った上で、互いの心が許し合えたならば、互いに心の底から信じ合って頼り合える信頼関係を築き育むことが出来たならば、それこそ互いになくてはならない仲、切っても切れない仲というものが完成していくことになる。そうなる、そうすることによって何事においても好都合となり、それこそ人生は順風満帆となり、追い風を受けた帆が「パン」と張られて快く進むかのように、物事は順調に運ぶようになり、何処までも助け合って生きることとなる。

真にそうありたいものであるが、そのような状態になる機会は少ないけれども、機会は作るしかない。機会が訪れるのを待つのではなくて、自ら作るならば機会やチャンスのほうからやって来るかのような現象が生じるのも物の道理でもある。良い機会やチャンスはジーッと待っていても、見落としたり気付くのが遅かったりして捉え難いものである。が、こちらから積極的に迎え入れるように活発に推進していけば、機会やチャンスは自分に引き寄せられるようになるのも物の道理である。人は物の道理を上手に活用して、みんなが心の底から信じ合い助け合えるようになれる方法を一人でも多く持てれば、きっと想像以上の素晴らしい世界が広がることであろう。

でも、しかしながら、自分自身が物の道理を知るにつれて、人が物の道理とは違う、物の道理に合わない間違いを犯すことに関しては、ついつい正しく導きたい思いから、相手の間違いを正しく改めさせたいという優しい心が起こるものである。そこで、おせっかいの心が起こるが、いらぬおせっかいを焼くと、相手が素直に受け入れてくれなければいらぬお世話と、こちらの望まないことが起こる時だってある。そのような時に物の道理で争ってはならず、物の道理で切ってはならずというものである。物の道理を後ろ盾にすれば、争えば勝ち、切っては切れすぎる。その時に相手を傷付けることなく上手に、上手に物の道理を納得出来るようにしてあげられるならばよいが、難しいところがある。この時に最も必要なのは相手の納得だけということになるが、人とは真にもって自分以上に難しいものであることを知り、相手も良くてこちらも良いを用いながら何事も上手く推し進めていこう。

私達の今日只今までの人生は、それこそ山あり谷ありを通過しなければたどり着けなかったものである。さまざまな困難や試練、逆境を乗り越え、そのお蔭で強い心が育ち、少々のことでは動じない、くじけない強い心が築かれ、あらゆる困難に立ち向かえる強靱な力を身につけた。過去の自分はあんな些細なことで大きく悩み傷付いたのに今はどうであろうか？　そうです！　そうなることこそが心の成長である。さらに物の道理をしっかりと判断の拠り所として、物の道理に明るく思慮分別を正しくすれば、人間としての到達可能な最も高いレベルの最高峰に向かっていることとなる。

さいごに

振り返ると、この世で人は物の道理と人道の世界に生きて生かされて、それこそ精神、心、魂なるもの達が肉体生命を用いて、肉体生命の生まれ変わり死に変わりを繰り返して人類の進化がなされてきた。その本体なる母体は平和と幸せを願って全人類の幸福を喜びとし、全人類の不幸を悲しみとすることに限りがなくて、各人の父母と全く同じような愛情が、夜露の玉の一つひとつに満遍なく月の形と光が宿るように、生きるもの達全てにそれこそ遍《あまね》く、物の道理も人道も注がれ続けている。その大恩愛に生きて生かされている全人類が母体の意に反し、良心に従うことなく悪事を阻止しない、正しさよりも見せかけだけの幸福を選択してしまう愚かさから抜け出そうとしない。例えば、戦争に負けたならば、それこそ自分も家族も悲惨な目に遭うから絶対に勝たねばならぬと、互いの兵士や国民一人ひとりが思って、相手国の全ての人々を憎み嫌い、互いに打ちのめし合いながら惨事を繰り返し、互いに恨み辛みを増大させる。

そうする、そうなることを心の母体や心に備わる良心が大きく嘆き悲しむようなことをして、「やられる前にやっちゃえ」といった、我が身だけ大事だとの幼稚な心であり続ける限り戦争は止まない。互いの国々が助け合ってやっていくには難しい世の中である。奪い合ったり争い事を繰り返せば尚更上手くいかないことから、一人ひとりが物の道理と人道や心の良心に従うこと。真新しい生命を受けてから死後の浄化までのことを万人が認めて、心の本体なる母体や肉体に備わる良心に正しく従うことをもってすれば、戦争も悲惨も嫌なことも大きく減少し、最低限の不幸や不都合だけとなるように実によく完成されている。人間各自の心の成長が幼いままで、ただ知らないから分からないからと、只今のことに一生懸命で、目先の見せかけだけのものに心を奪われやすくなっている。でもここに、真に正しく幸福と安心を人類のためにもたらすきっかけや手がかりを誰かがなしておけば、やがて必ずや心の母体や心に備わる良心も救われる。

私達人間は努力が出来るのだから、トーマス・エジソンのように物の道理を用いた努力をして物の道理の返答返しをもってすれば必ず、必ず成功する。それを実現したのがエジソンと道廣だけで終わらせるのは勿体ないだけでなく失礼なことでもある。みんなのものはみんなで使うのが正しいことから、物の道理や人道にも微笑んでいただこう。心の本体なる心の母体にも心に備わる良心にも微笑んでいただこうとすることこそが人の人たる道であり、世話になるもの達の作法であると共に責務でもある。そうする、そうならせるには、一人ひとりが良いところの引き出し合いと助け合いに参加して、人対人を神仏のように思い合うことによって全人類が一つの共通点を見出す。つまり、全人類が一つの巨大国になることによって必ず絶対に戦争は根絶して、人類の幸福と安心がもたらされるように完成したいとするのが物の道理である。この世に物の道理を超えるものなど一つもないことに人類の一人ひとりが目を向けて、真に正しいが全人類の心の中心となる時、必ず心の本体という母体と一人ひとりの心に備わる良心の願うところの平和と幸せも一つのものとなるのも物の道理である。

戦争が根絶しないのは各個人一人ひとりの間違ったものの見方、考え方であり、みんなが正しいものの見方、考え方が出来なかっただけである。大切なところは「みんな」という一人残らず、全てということである。みんなが戦争は嫌で嫌っても一人ひとり（みんな）の心がブスならば紛争は発生し続けることとなる。したがって、人という一人ひとりを神仏として尊び合う以外に戦争の根絶はないのが物の道理と人道ということにもなる。

右手と左手を合わせて合掌するように、真のものに自分自身を心の底から捧げ尽くすならばきっと、お父さんもお母さんもあなたのことを自分の生命よりも大切にして育てられた意味が成り立つことになる。あなたが生きている意味は、誰かのために、あるいはみんなのためになることだから、そのように思っておられるからこそ、あなたが何をしでかしてもあなたの味方であり、絶対にご両親はあなたを見捨てないのだ。自分の父母こそ神と仏だと思い合掌することが出来たならば、それが人間の心の成長に繋がる第一歩である。つまり、自分の大切極まりないご両親を尊ばない人が他人を尊ぶことはなく、尊んだとしても本物ではないのが物の道理でもある。

著者プロフィール
山路 道廣（やまじ みちひろ）
1949年生まれ
鹿児島県出身

幸福と安心 幸せ感じ上手で世渡り上手

2024年４月15日 初版第１刷発行

著 者 山路 道廣
発行者 瓜谷 綱延
発行所 株式会社文芸社
〒160-0022 東京都新宿区新宿１－10－１
電話 03-5369-3060（代表）
03-5369-2299（販売）

印刷所 図書印刷株式会社

ISBN978-4-286-25273-5